LE
GÉNÉRAL ALEXIS DUBOIS

LA CAVALERIE AUX ARMÉES DU NORD
ET DE SAMBRE-ET-MEUSE
PENDANT LES CAMPAGNES DE 1794 ET 1795

PAR

Léon HENNET

SOUS-CHEF AUX ARCHIVES DE LA GUERRE

PARIS

LIBRAIRIE MILITAIRE DE L. BAUDOIN

IMPRIMEUR-ÉDITEUR

30, Rue et Passage Dauphine, 30

1897

LE

GÉNÉRAL ALEXIS DUBOIS

LE
GÉNÉRAL ALEXIS DUBOIS

LA CAVALERIE AUX ARMÉES DU NORD
ET DE SAMBRE-ET-MEUSE
PENDANT LES CAMPAGNES DE 1794 ET 1795

PAR

Léon HENNET

SOUS-CHEF AUX ARCHIVES DE LA GUERRE

PARIS
LIBRAIRIE MILITAIRE DE L. BAUDOIN
IMPRIMEUR-ÉDITEUR
30, Rue et Passage Dauphine, 30

1897

LE GÉNÉRAL ALEXIS DUBOIS.

LA CAVALERIE AUX ARMÉES DU NORD
ET DE SAMBRE-ET-MEUSE
PENDANT LES CAMPAGNES DE 1794 ET 1795.

INTRODUCTION.

De l'armée de la Révolution c'est à certains personnages que s'attache la renommée. Quelquefois cette renommée, des services éclatants la motivent, et avec justice. Mais combien de célèbres n'ont pour eux qu'un nom sonnant bien ou la dénomination harmonieuse de leur armée!

Cependant, à côté d'eux ont servi des patriotes dont l'actif est l'oubli et qui pourtant ne devraient pas laisser de jeter un certain éclat. Mais trop tôt la mort les a ravis pour leur gloire et pour le patrimoine d'honneur de la nation; la fortune ne leur a point permis d'arriver à ce premier rang, auquel des indignes et des incapables furent cependant portés.

Tel est le cas du général Alexis Dubois.

Voilà un nom perdu jusqu'ici dans le grand nombre des généraux de la République, qui mérite de sortir de l'ombre. Ce cavalier, je le crois bien, est ignoré de la cavalerie. Pourtant, par sa bravoure, par ses capacités militaires, par son caractère droit, par son cœur entier à ses devoirs et à sa patrie, il lui fait honneur.

C'est de plus, si j'ose m'exprimer ainsi, un novateur, un précurseur. Par l'étude de sa correspondance, par celle de ses registres d'ordres, je le vois, officier de l'ancien régime, strict exécuteur des règlements; la discipline et l'observation des principes sont pour lui le gage assuré du succès. Mais ce que je remarque, c'est l'emploi qu'il veut faire de la cavalerie, l'emploi qu'il engage ses généraux en chef à en faire.

D'abord, Alexis Dubois veut que la cavalerie éclaire. C'est la cavalerie qui doit garder l'armée de toute surprise ; elle doit tenir le général en chef au courant des moindres mouvements de l'ennemi, des positions qu'il occupe, de ses intentions, de son état moral même. Le général Dubois arrive à ce résultat par des patrouilles, par des reconnaissances, — dont il prend souvent le commandement, — en voyant par lui-même, par des déductions stratégiques ou tactiques, en recueillant ses renseignements des habitants des villages traversés, de déserteurs ennemis, d'émissaires sûrs qu'il emploie.

Enfin, dans la bataille, le général Dubois voulait que la cavalerie formât une masse pour charger en bloc au moment et sur le point décisifs. La cavalerie ne devait pas agir seule, pensait-il, mais de concert avec les divisionnaires d'infanterie, de façon à concourir à un but commun, afin de se porter où besoin était, où ses services pouvaient être utiles. A chaque division, une brigade de cavalerie pour l'éclairer et la garder ; la cavalerie qui n'était pas nécessaire à ce service, réunie pour la bataille.

L'artillerie légère qui lui est confiée, il l'emmène avec lui, s'il doit charger. Il la fait courir entre les colonnes que forment ses brigades ; il prépare la charge par le canon ; sous sa protection, il se rallie ; par lui, il assure la retraite, qu'il prétend que la cavalerie ne doit jamais exécuter que sur l'ordre du général en chef.

Ainsi, le 6 juillet 1794, après avoir culbuté la cavalerie ennemie à Braine-L'Alleud, il se porte au secours de la division Lefebvre compromise, qu'arrêtaient une artillerie et une infanterie imposantes. Par une action offensive combinée de la cavalerie et de l'artillerie à cheval, il dégage Lefebvre et devient le véritable vainqueur.

Aujourd'hui, l'armée travaille ; nos officiers se plaisent à étudier l'histoire des campagnes pour en tirer des enseignements ; ils sont instruits. Toutes ces dispositions peuvent leur sembler élémentaires ; mais aux armées du Nord et de Sambre-et-Meuse, le général Dubois seul a ces conceptions. L'emploi de la cavalerie dans la bataille, tel qu'il le comprend, à de fréquentes reprises il le demande aux Représentants du Peuple, les grands maîtres aux armées, il le demande à Pichegru, il le demande à Jourdan. Il les assure de la victoire s'ils usent de cette tactique, mais eux ne la comprennent pas. Ils bénéficient du résultat sans en chercher les causes. Jourdan qualifie la division Dubois de « division de réserve », mais d'après les ordres qu'il reçoit, le général ne sait jamais s'il est réserve, avant-garde ou cavalerie d'une division d'infanterie.

****

Les armées de l'an II défendaient deux grandes causes : l'intégrité du territoire français et la liberté des peuples. Par cela même, elles devaient triompher.

Sur les forces coalisées, les troupes républicaines avaient l'avantage de leur enthousiasme.

« Il sera beau de voir dans les fastes de la République, dit Carnot dans un rapport à la Convention, le 14 ventôse an III, comment des recrues mal armées, sans habitude des exercices militaires, sans autre discipline que la confiance, souvent dénuées d'habillement et de subsistances, ont arrêté ce débordement de légions réunies contre elles de toutes les contrées de l'Europe. »

Ce qui les excitait encore, et les sauva, ce fut la fureur qu'enfantaient en leur âme les excès des Autrichiens [1].

Dans la cavalerie, les généraux de brigade ne sont pas à leur poste ; la discipline se relâche [2], parce que, malgré des ordres formels, les officiers abandonnent leur troupe la nuit pour courir ou bien se loger plus confortablement qu'au bivouac. Le général place des postes : un chef d'escadron se permet de les déplacer et ne prévient pas. Les grand'gardes laissent entrer dans le camp sans reconnaître. On est à la veille d'une attaque ; les disposi-

---

[1] *Mémoires militaires du général Duhesme sur la campagne de l'armée du Nord du 1er frimaire an II au 14 brumaire an III (21 novembre 1793 — 4 novembre 1794).*

[2] Voir les circulaires ministérielles des 30 brumaire et 18 frimaire an II sur les militaires qui vendent leur équipement ; du 25 frimaire sur les dilapidations ; du 29 frimaire sur les distributions ; du 15 nivôse, sur les désertions et les absences ; du 15 pluviôse, sur les dégâts aux logements.

lions sont arrêtées ; les armes doivent être prises à heure fixe. Une heure et demie après, tel capitaine de l'artillerie d'une demi-brigade dort encore profondément, lui, ses canonniers et ses conducteurs.

Au point de vue des subsistances de la troupe et des chevaux, la situation est navrante, comme je l'exposerai.

C'est une lutte continuelle que le général Dubois soutient pour obtenir la régularité dans le service, la bonne tenue des troupes, leur ravitaillement. Aussi, il a une belle division à laquelle il ne ménage pas les éloges dans ses ordres ; il en est fier et il défend avec ardeur sa cavalerie, dont on méconnaît l'utilité et que l'administration laisse tomber en faiblesse, faute de nourriture, hommes et chevaux.

C'est que le général Dubois est un convaincu dans la belle expression du mot ; patriote convaincu, militaire convaincu, républicain convaincu.

Patriote, il veut la grandeur de la France ; il veut la voir délivrée de l'occupation étrangère, toujours le premier dans ce but à marcher à l'ennemi. Il est naturellement heureux de commander, mais s'il juge que l'intérêt du service l'exige, il sollicitera de rentrer en sous-ordre[1] ; même quand il croit que sa personne empêche de pourvoir ses troupes, il est prêt à se retirer pour servir comme simple soldat[2], parce qu'il préfère à sa satisfaction personnelle le bien-être de ses cavaliers.

Militaire, il se considère comme à un « poste que l'honneur d'un grand peuple lui a confié[3] ». « Le sort de tant de milliers d'âmes nous est remis ; nous devons mériter cette confiance par notre valeur, » dit-il dans un ordre du 1er au 2 août 1794. « Sans discipline, il n'y a point de soldats ; un soldat indiscipliné n'est jamais qu'un mauvais sujet et souvent un lâche[4]. »

Cette idée supérieure de la vie militaire, — ce n'est plus une

---

[1] Dubois au général Landremont, 13 septembre 1793 ; aux Représentants du peuple, 14 septembre et 3 octobre 1793 ; au général en chef Carleyz, 6 octobre 1793 ; aux Représentants du peuple et à Jourdan, 9 juillet 1794.
Chargé le 4 mai 1794 de remplacer le général Ferrand dans le commandement de six divisions de l'aile droite de l'armée du Nord, il refusa.

[2] Lettre du 27 septembre 1794.

[3] Au général Despret, 28 avril 1794.

[4] Au général Gaudin, 5 mai 1794.

carrière ou une profession, — est liée dans son esprit au sentiment républicain.

Le général Dubois n'était pas de ces républicains qui ne virent dans la République que la faculté de cueillir un fruit jusqu'ici défendu, qui leur permît d'atteindre des sommets auxquels, même dans leurs plus beaux rêves, ils n'osaient monter, et qui, une fois qu'ils les eurent gravis, les crurent faits pour eux, à l'exclusion de quiconque.

Nullement. Sa conception de la République est tout autre. Le républicain, c'est le militaire honnête, patriote, courageux, discipliné ; le mot pour lui résume ces vertus. Il n'admettait pas que des troupes républicaines imitassent, en pillant, « les hordes de l'esclavage [1] ». « Quiconque s'écarte de la discipline, dit-il encore [2], et de la stricte subordination, est indigne de se rallier aux drapeaux de la Liberté. » Dans une lettre au général Gaudin [3], au sujet d'un sous-lieutenant : « Un officier qui abandonne son poste quand son régiment marche à l'ennemi, est indigne de servir parmi des républicains. » Enfin, il se résume : « Empêcher le mal, dénoncer les abus, respecter les personnes et les propriétés, tels sont les devoirs d'un vrai républicain [4]. » Pour rallier les pays conquis, il estimait qu'il fallait respecter les mœurs, la vie, les chaumières, la religion [5] ; si l'on doit lever des contributions, ne les lever que sur les riches hostiles ; car « nous défendons la cause d'un peuple immense, nos parents et nos frères, celle même de tous les peuples qui aspirent à la liberté [6]. »

Cette manière de voir n'était pas peut-être du goût de tous, car elle donnait lieu à de fréquentes admonestations. A Guise, où se tenait son quartier général, où le général était né, le bruit se répandit en mai 1794 qu'Alexis Dubois était arrêté. Plus tard, à l'armée de Sambre-et-Meuse, pendant le séjour à Liège et aux environs, durant le mois d'août 1794, on disait que le comman-

---

[1] Ordre du 26 juillet 1794.

[2] Ordre du 20 juillet 1794.

[3] 5 mai 1794.

[4] Ordre du 8 juillet 1794.

[5] Il fit rendre au culte, en Belgique, sur la demande des habitants, des églises converties en dépôt de fourrages.

[6] Ordre du 1er au 2 août 1794.

dant de la cavalerie avait émigré. Ce bruit absurde avait trouvé des croyants, notamment dans la division Lefebvre, et celui-ci dut présenter Dubois à sa division sous les armes pour bien montrer qu'il était à son poste.

Physiquement et personnellement, le général Dubois était sympathique.

Ainsi, on le voit l'ami de tous les généraux avec lesquels il sert directement, avec Hoche, avec Pichegru, avec Ferrand, avec Lefebvre. Jourdan, au contraire, lui témoigne de la froideur, et cette froideur existera toujours ; même elle donnera lieu à des plaintes mal fondées du général en chef, et elle rendra impossible le maintien du général Dubois à l'armée de Sambre-et-Meuse.

Si les généraux en chef qui, dans les petites armées, vivaient davantage avec leurs divisionnaires, aimaient et estimaient Alexis Dubois, il en était de même de ses commandants de brigade.

Dans ses ordres, il est sévère, il est bref; il rappelle sans cesse les règles militaires, il déclare rendre ses généraux responsables de l'exécution des mesures prescrites. Mais ceux-ci savent que le général les couvrira, que, comme il l'a déclaré aux troupes de sa division, il est « leur premier camarade [1] ».

Du reste, lui-même tout le premier, Alexis Dubois s'excuse vis-à-vis de ses inférieurs d'entrer dans les détails, de rappeler les principes, de faire peur. « Je te fais mes réflexions militaires, écrivait-il à d'Hautpoul, le 24 avril 1794, par élan de zèle et de civisme ; mais tu feras grâce à mes expressions en faveur du bonheur commun, quand tu sauras que c'est autant ton ami que ton général qui te parle. »

Le premier rapport sur une affaire signale toujours et seule la part prise par ses subordonnés, qu'il félicite pour une justice rendue ou qu'il propose. Ce n'est que dans des lettres postérieures qu'il relate ce que personnellement il a fait ; quelquefois même l'action du général ne se trouve racontée par lui qu'en des correspondances privées, notamment à son cousin le conventionnel Jean Debry.

En 1793 et 1794, les Représentants du peuple en mission sont

---

[1] Ordre du 26 juillet 1794.

les grands maîtres aux armées. Comme la Convention nationale dont ils émanent, ils ont tous les pouvoirs.

Leur autorité est indiscutable et indiscutée. Ils ont le droit de vie ou de mort. Quelques-uns, Saint-Just et Lebas, en abusèrent; mais il faut reconnaître, cependant, que leur action terrifiante fut salutaire à l'armée du Rhin. En quelques jours, discipline rétablie, confiance redonnée aux soldats en leur valeur et en leurs généraux, assurance d'approvisionnements par les réquisitions, circulation au pair rendue aux assignats.

Leur rôle sous Charleroi fut très critiqué par les généraux eux-mêmes; l'histoire n'a pas jusqu'ici modifié cette manière de voir, et pourtant la folle ténacité de Saint-Just a décidé de la prise de Charleroi; elle a amené ces victoires immortelles de l'immortelle armée de Sambre-et-Meuse; elle eut pour conséquence la conquête de la Belgique.

Mais tous les Représentants du peuple en mission n'étaient point des Saint-Just. Gillet entre autres, qui resta longtemps à l'armée de Jourdan, n'employait son autorité qu'à assurer les subsistances de l'armée, à mettre d'accord les ordonnateurs en chef des armées combinées, qui sans cesse dépassaient la ligne de démarcation de leur armée, d'où naissaient des conflits; à maintenir la discipline chez la troupe, et entre les généraux une concorde bien fragile.

Dubois ne courtisait pas les Représentants du peuple. Auprès d'eux il porta des plaintes, notamment contre l'administration de l'armée, mais il ne dénonça jamais, et encore ces plaintes, lorsqu'il les formula, ne pouvaient plus entraîner la mort; elles ne pouvaient qu'aboutir à un meilleur service. Loin de courtiser les Représentants, le général se moquait de ces formules ronflantes complaisamment étalées en tête des lettres du commissaire ordonnateur, engageant celui-ci à les faire sonner moins et à les appliquer davantage, selon la devise de son ancien chef à Woerth : *Acta non verba*.

Aussi, avec les Représentants du peuple, bons rapports, mais relations obligées, et rien au delà. Par suite, pour le général, indépendance et droit d'observations sur des ordres reçus, tout en les exécutant; ce qui alliait le respect dû à la discipline à la sauvegarde d'une responsabilité soucieuse des intérêts confiés.

Le général Paul-Alexis Dubois est né à Guise le 27 janvier 1754. Il était fils d'Antoine Dubois, brasseur, et d'Agnès Gauchet. Il appartenait ainsi aux familles les plus considérées de la ville. Un oncle, Joseph Dubois, était procureur. Par sa mère, il tenait au chanoine Soyer, aux Gauchet, aux Jorand.

Ses camarades d'enfance, qui étaient aussi ses cousins-germains, furent Camille Desmoulins, dont le père était lieutenant général au bailliage de Vermandois, siège de Guise ; Nicolas Hennet, grand-oncle de l'auteur de ces pages, avocat, puis magistrat ; Jean Debry, le futur membre de la Convention, originaire, lui, de Vervins.

La maison natale du général Dubois n'existe plus. Elle était située sur le faubourg de Villers-lès-Guise, la troisième maison à gauche après avoir traversé l'Oise. Le terrain sur lequel elle s'élevait est aujourd'hui la propriété de la famille Dezaux.

Sur les jeunes années du général, rien de particulier. Son enfance fut celle des fils des familles aisées de l'époque ; les premiers ans consacrés à l'instruction ; l'adolescence employée à l'apprentissage de la profession que, devenu homme, l'on devait suivre.

PREMIÈRES CAMPAGNES.

A 16 ans, le 16 août 1770, Alexis Dubois s'enrôla dans la compagnie de Villers, au 4ᵉ bataillon du régiment d'infanterie de Lyonnais, en garnison à Cambrai. Dubois était alors un garçon de 5 pieds, 2 pouces, 6 lignes. Châtain clair de chevelure, il avait, selon son signalement à la matricule, les yeux gris enfoncés et le nez pointu ; le visage était ovale et marqué de taches de rousseur et de petite vérole. Il était d'une force peu commune à l'escrime et se mesura avec succès en diverses occasions avec les maîtres réputés de l'époque.

Lyonnais fut dédoublé en 1775 pour former le régiment du Maine ; Dubois quitta alors le service.

Il y rentrait bientôt (6 juin 1776), cette fois dans la cavalerie, au régiment de dragons de Monsieur, compagnie de Spitzenberg, à Cambrai. Ce deuxième passage dans les rangs de l'armée fut de courte durée ; ne trouvant pas encore dans la vie militaire tous les charmes rêvés, il obtint de ses parents de le racheter. Dubois paya son congé 300 livres, le 20 septembre 1777.

Trois mois plus tard, le 22 décembre, il contractait un nouvel enrôlement, choisissant définitivement sa carrière et l'arme dans laquelle il deviendrait sinon une illustration, du moins un général de quelque valeur.

C'est pour le régiment de cavalerie Royal-Normandie que ce troisième enrôlement fut signé. Placé d'abord à la compagnie de Montcalm, il passa le 1ᵉʳ mai 1779 à la compagnie de chevau-légers, et le 28 du même mois au 5ᵉ régiment de cette arme.

Les régiments de chevau-légers venaient d'être créés par ordonnance du 29 janvier 1779, pour donner aux officiers de cavalerie des perspectives d'avancement. On détacha de chacun des régiments de cavalerie, pour en former six nouveaux corps, les escadrons de chevau-légers institués par l'ordonnance de 1776. L'escadron de Royal-Normandie ayant été destiné à entrer dans la composition du 5ᵉ chevau-légers, Dubois suivit son escadron dans le nouveau régiment formé à Verdun, le 28 mai 1779.

Le régiment quitta Verdun pour Joinville le 18 octobre 1780 ;

Joinville pour Givet, le 2 octobre 1783 ; Givet pour Falaise, le 9 mai 1784. Dubois avait été promu brigadier le 5 avril 1780.

L'institution des chevau-légers ne dura pas. L'ordonnance du 25 juillet 1784, « concernant la formation et la solde de la cavalerie », supprima ces corps spéciaux ; elle les réunit à la cavalerie, leur donnant même formation, même solde, mêmes masses. Ainsi, le 5e chevau-légers devint régiment de cavalerie de Quercy. Par cette même ordonnance, trois nouveaux emplois de maréchal des logis par compagnie avaient été créés. Dubois fut pourvu de l'un de ceux de sa compagnie, de Broc, le 16 septembre 1784.

Le régiment de Quercy demeura à Falaise jusqu'au mois de juin 1785 ; il occupa ensuite Alençon, et, le 18 octobre 1785, le maréchal des logis Dubois venait tenir garnison dans sa ville natale, à Guise, où il contracta un rengagement de huit ans, le 22 décembre suivant.

Alors, les changements de garnison étaient fréquents, et, ainsi qu'on a pu le voir, les mutations s'opéraient à de grandes distances. Quercy est, en effet, envoyé de Guise à Ancenis en 1787, et lorsque sa suppression est ordonnée pour entrer, avec la cavalerie des chasseurs du Gévaudan, dans la composition des chasseurs à cheval de Normandie, en 1788, on le ramène d'Ancenis à Givet.

Quercy arriva dans cette place le 13 mai 1788 ; Alexis Dubois était adjudant depuis le 29 décembre 1786 et proposé pour l'emploi de porte-guidon, qui donnait rang de dernier sous-lieutenant.

Deux jours après, le 15 mai, le nouveau régiment de chasseurs à cheval était formé. Le même jour, Dubois fut nommé porte-guidon au 1er escadron ; pendant l'automne, on le chargea de faire des recrues [1].

Il en amena 130. A la fin de l'année 1789, ces recrues étaient encore toutes au régiment ; « elles étaient jeunes et bien tournées ». Ce « travail » fut trouvé « surprenant », et à tel point que le colonel, le baron d'Allonville, proposa Dubois pour une gratification extraordinaire [2].

---

[1] Inspection passée le 4 octobre 1788 : « détaché en recrue. »

[2] Régiment de chasseurs à cheval de Normandie ; inspection faite par le marquis de Jaucourt le 12 septembre 1789 : *Etat des grâces.*

Survint la Révolution, qui supprima la féodalité dans la vie civile et ses marques dans le militaire. Par règlement royal du 1er janvier 1791, les noms des régiments sont supprimés et remplacés par des numéros. Les chasseurs de Normandie deviennent 11e régiment.

La nouvelle organisation du corps se fit à Philippeville le 26 mars 1791. Alexis Dubois quitta son emploi supprimé de porte-guidon pour prendre la place de second sous-lieutenant de la compagnie de Gérauvilliers, 2e du 1er escadron. Au commencement de 1792, il est premier sous-lieutenant de la compagnie de Sacère, au dépôt à Givet, et le 10 mars on le nomme lieutenant de la compagnie de La Court (2e du 2e escadron), à Philippeville.

Le 22 avril, le 11e chasseurs était encore dans cette garnison. On le plaça à l'avant-garde de l'armée du Centre, sous les ordres du général Gouvion.

Sa première affaire eut lieu le 23 mai à Saint-Aubin. L'avant-garde entière avait été attaquée par l'ennemi avec des forces très supérieures. Le 11e chasseurs soutint la retraite, repoussant les charges d'une nombreuse cavalerie. Pendant près d'une heure, il tint ferme contre le feu de huit pièces d'artillerie chargées à mitraille, et sa bonne contenance donna à toute l'infanterie le temps de se retirer sans perte.

Toujours à l'avant-garde, le 11 juin, au combat de Glisuelle, près Maubeuge, le 11e chasseurs, après avoir toute la matinée soutenu les efforts de l'ennemi, fut obligé de battre en retraite ; mais, le 27, il prenait sa revanche sur le même terrain et, par une charge exécutée à propos, culbuta les Autrichiens.

Le 11e chasseurs combattit ensuite à Valmy ; il chargea les redoutes ennemies à Jemmapes dans lesquelles Dubois entra le premier, le drapeau à la main et en délogea, malgré l'opiniâtreté rare de la résistance, les cavaliers autrichiens qui se défendaient à l'arme blanche[1].

Après Jemmapes, le capitaine Dubois vint à Paris.

Comme toute sa famille, comme ses amis de Guise, il avait

---

[1] Armée du Rhin, division de Grouchy, 11e régiment de chasseurs à cheval. — *Notices sur les batailles, combats et actions où le corps s'est trouvé pendant les 1re, 2e, 3e, 4e, 5e, 6e, 7e, 8e et 9e campagnes de la Liberté.*

embrassé la cause de la Révolution, alliant la discipline à l'amour
de la liberté. Son camarade d'autrefois, Camille Desmoulins, son
cousin Jean Debry, le conventionnel Legendre le pilotèrent à
Paris. Legendre présenta le capitaine à Xavier Audouin, secré-
taire général du ministère de la guerre, puis au ministre de la
guerre, Pache, qui, sur la présentation de ses services, le nomma,
le 26 janvier 1793, lieutenant-colonel au 17e régiment de dragons,
ex-Schonberg.

Après avoir pris part, en février-mars 1793, au siège de Maëstricht, en qualité de sous-chef d'état-major de l'armée des
Ardennes, Alexis Dubois rejoignit à Saint-Mihiel son nouveau
corps, qui y tenait ses quartiers depuis le 30 décembre 1792,
faisant partie de l'armée de la Moselle.

Le 17e dragons quitta Saint-Mihiel le 26 mars 1793, rentrant
en campagne. Il exécuta des marches continuelles, eut quelques
engagements pendant le mois d'avril, et le 2 mai il se mettait en
route pour l'armée du Rhin qu'il gagnait le 4, cantonnant en
avant de Wissembourg, à Capsweyer.

Dans cette localité, le 9 mai, le 17e dragons était porté à
quatre escadrons en exécution du décret du 21 février. Cette
opération avait commencé à Saint-Mihiel le 24 mars, mais les
marches et mouvements exécutés avaient empêché de la terminer
avant le 9 mai[1]. A cette dernière date, Dubois était au dépôt.

Il rejoignit le corps peu de temps après à l'avant-garde de
l'armée du Rhin.

Le mois de juin 1793, dans les deux armées en présence, fut
employé à s'observer réciproquement.

La nécessité de débloquer Mayence contraignit l'armée du
Rhin à reprendre l'offensive. Marchant en avant, le 17e dragons
occupa Ingenheim le 3 juillet, Gottramstein, sur la Queich, le 19,
et chargea le 21, entre Flemlingen et Valsheim, les chevaliers de
la Couronne et des hussards prussiens. Pendant la nuit, il
bivouaqua sur les hauteurs à gauche de Nusdorff.

L'attaque fut renouvelée le lendemain. Le régiment, sous un
feu d'artillerie des plus vifs, manœuvra dans la même plaine
que la veille, et l'infanterie ayant emporté d'assaut les retranche-

---

[1] *Procès-verbal de nouvelle formation* (dressé par le commissaire des guerres
Mathieu-Faviers), Capsweyer, 9 mai 1793.

ments de la chapelle Sainte-Anne, les tirailleurs du 17e dragons chargèrent dans les vignes l'infanterie ennemie dispersée. Le 23, on occupait Bœchingen. Le lendemain, la reddition de Mayence était annoncée.

En conséquence, les généraux décidèrent que l'armée du Rhin se retirerait des lignes de la Queich pour occuper celles de Wissembourg. Les dragons du 17e commencèrent le mouvement rétrograde dans la nuit du 28 juillet, et à la pointe du jour ils occupaient Steinfeld. Ils livrèrent combat dans la nuit du 11 au 12 août et, les 20, 21 et 22 août, sortaient de leurs retranchements pour pousser des pointes et soutenir l'infanterie, réoccupant après le combat leurs positions de Steinfeld [1].

Le 28 mai 1793, les représentants du peuple à l'armée du Rhin, Ruamps, Haussmann et Duroy, avaient nommé Dubois colonel du 1er corps des hussards de la Liberté. Ce corps, créé le 2 septembre 1792, organisé à Saint-Germain-en-Laye le 17 ce mois et devenu 7e *bis* de hussards en 1794, avait besoin d'être conduit avec fermeté et discipline, et les officiers et soldats avaient sollicité un chef pris en dehors d'eux.

Bien que confirmée dès le 1er juin par le ministre, cette nomination n'eut pas de suite. Dubois ne prit pas possession de ces fonctions, et il demeura au 17e dragons.

---

[1] *Campagnes du 17e régiment de dragons.* — Cahier n° 1, campagnes de 1792 et 1793.

DIVISION DE LAUTERBOURG.

Dans ces combats de la première partie de la campagne de
1793, Dubois avait montré du zèle et du courage. Il avait appelé
ainsi sur lui l'attention des Représentants du peuple en mission
sur le Rhin : Milhaud, Ruamps, Lacoste, Nion et Bories. Ceux-ci
l'élevèrent au grade de général de brigade le 24 août 1793. Ils
voulurent « récompenser le patriotisme, les lumières et la valeur
de cet officier [1] », et l'attachèrent à la division de Lauterbourg [2],
commandée par le général Gilot.

Le 11 septembre au matin, Gilot venait de donner les derniers
ordres pour une attaque générale qu'il projetait pour le lendemain, lorsqu'il reçut l'avis de sa suspension [3]. Dans la journée, le
général en chef, de concert avec les Représentants, confiait au
général Dubois le commandement de la division [4].

La division de Lauterbourg comprenait [5] :

Généraux de brigade : DESAIX et MICHAUD (ce dernier seul à
dater du 13 septembre).

11e bataillon d'infanterie légère ;

1ers bataillons des 3e, 37e et 75e régiments d'infanterie ;

---

[1] Les Représentants du peuple à l'armée du Rhin au ministre de la guerre,
Wissembourg, 7 octobre an II (1793).

[2] Arrêté des Représentants du peuple, Lauterbourg, 24 août 1793.

[3] GILOT (Joseph), né en 1731 à Châtenay-de-Bressieux (Isère), canonnier au
bataillon de Bourgfelden en 1750, soldat dans Royal (infanterie) en 1751,
porte-drapeau en 1767, capitaine au régiment de Brie en 1789, maréchal de
camp en 1792, se distingua dans la défense de Landau en 1793 et fut nommé
général de division.

Réintégré en 1795, le général Gilot servit dans l'Ouest et à l'armée de Rhin-
et-Moselle et commanda à Paris d'octobre 1798 à juin 1799. Il est décédé à
Nancy, en 1814, commandant la 4e division militaire.

[4] Le général Dubois à Xavier Audouin, adjoint au ministre, Lauterbourg,
6 octobre 1793.

[5] Etat général des pertes en hommes et en chevaux de toutes les divisions
composant l'armée du Rhin depuis le 1er août jusqu'au 15 septembre 1793,
Wissembourg, le 18 septembre 1793.

2ᵉ bataillou du 75ᵉ régiment d'infanterie ;

3ᵉ et 7ᵉ bataillons de volontaires nationaux de la Haute-Saône ; 1ᵉʳ des Pyrénées-Orientales ; 3ᵉ de Rhône-et-Loire ; 4ᵉ de l'Eure ; 5ᵉ de l'Ain ; 1ᵉʳ du Doubs ; 4ᵉ du Rhin (*sic*) ; 9ᵉ des Vosges ; 2ᵉ de la Charente-Inférieure ;

1ʳᵉ compagnie franche de la Dordogne.

CAVALERIE.

Général de brigade : Legrand.
2ᵉ régiment de chasseurs ;
4ᵉ régiment de dragons.
6ᵉ compagnie d'artillerie à cheval ;
Compagnie Delange, de l'artillerie à cheval de Paris ;
Artillerie volante du citoyen Charpentier.
Enfin, des « agricoles » ; sans doute des bataillons de la première réquisition.

Depuis le 27 août, les deux armées étaient demeurées sur la défensive, s'observant.

Une attaque contre les Autrichiens qui occupaient la forêt de Bienwald, avait été décidée pour le 12 septembre. Le général Gilot, brusquement suspendu, était parti sans laisser à son successeur aucun plan d'attaque. Agissant de sa propre initiative, le général Dubois donna à Desaix l'ordre de prendre le commandement de la colonne de droite, de se porter directement sur Berg, de faire fouiller le village et de s'en emparer, puis d'attaquer le poste de La Chapelle et d'enlever une batterie d'artillerie qui y avait été installée. La colonne Desaix était secondée par une partie des troupes restées sous les ordres immédiats du général Dubois, et couverte sur sa droite par deux pièces d'artillerie, un demi-bataillon et 200 dragons.

De son côté, le général Michaud, commandant la colonne de gauche, avait mission d'enlever le village de Bichelberg à prendre de flanc, ainsi qu'une batterie autrichienne établie sur la route de Candel. Dubois, avec le centre, attaqua de front.

Les trois mouvements réussirent ; les deux batteries furent prises de vive force et démolies ; les ouvrages comblés sur-le-champ. Le 75ᵉ d'infanterie enleva une des batteries à la baïonnette et s'empara de trois canons et d'un obusier.

Le combat avait été vif et très long ; le général Dubois estima les pertes de l'ennemi à 1000 tués et 2,000 blessés [1].

La division rentra dans ses cantonnements ; les Autrichiens reprirent aussi leurs anciennes positions dans la soirée [2], pendant laquelle ils rétablirent même leurs batteries.

Dès le lendemain de cette affaire, le général Dubois demandait au général en chef, Landremont [3], à être relevé de son commandement. Il déclarait ne pouvoir faire le service de général de division et celui de général de brigade, et réclamait un général de division. Il renouvela sa demande le 14, s'adressant cette fois aux Représentants du peuple. Le général en chef Landremont venait, en effet, de lui retirer Desaix.

Aussi bien, par suite de ce retrait, la situation du général Dubois devenait difficile : il restait seul pour commander la colonne de droite et celle de gauche. Dans l'intérêt du service, il demandait qu'on lui envoyât un général. « Je désirerais que ce fût un général divisionnaire ; je lui remettrai aussitôt le commandement provisoire que vous m'avez confié, et je servirais avec plaisir sous ses ordres [4]. »

On n'accéda pas à cette demande.

Du 13 au 17 septembre, aucun événement. Le 18, sur l'ordre formel du général en chef, contre l'avis du général Dubois, la division de Lauterbourg sortit à nouveau de ses retranchements.

Exécutant le plan qui lui avait été ordonné, Dubois, avec le centre, entra dans la forêt sur le chemin de Candel, à 3 heures de l'après-midi ; la colonne de droite (général Legrand [5]) se portait sur Berg ; celle de gauche, du côté de Bichelberg.

Le général Legrand avait chassé l'ennemi de Berg et s'appré-

---

[1] Le général Dubois au général en chef, 12 septembre 1793.

[2] *Journal général des opérations de l'armée du Rhin*, pendant la première et la deuxième campagne, années 1792, 1793 et an II.

[3] LECLERC DE LANDREMONT (Charles-Hyacinthe), né en 1739, à Fenestrange, volontaire dans Schonberg en 1759, capitaine en 1772 ; colonel et maréchal de camp en 1792 ; général de division en 1793 ; retraité en 1796.

[4] Le général Dubois aux Représentants, 14 septembre 1793.

[5] LEGRAND (Etienne), né à Serrecourt (Vosges) en 1755, dragon au régiment du mestre de camp général en 1773 ; maréchal des logis au régiment de Condé en 1781 ; lieutenant au 17e dragons en 1792 ; général de brigade en 1793 et de division en 1794 ; retraité en 1795. Rappelé au service en 1798 et employé comme général de brigade jusqu'à sa nouvelle retraite en 1814.

tait à l'attaquer de nouveau sur la route de Rheinzabern, lorsque le général Dubois fut averti qu'une masse de cavalerie et d'infanterie autrichiennes, réunie à Neubourg, se disposait à se lancer sur sa droite. Immédiatement, il donna à Legrand l'ordre de cesser son feu, de se bien couvrir sur tous les points et de se tenir en observation ; en même temps, il arrêtait sa gauche, que l'ennemi cherchait à tourner, lui prescrivant de rester également en observation pour couvrir les lignes françaises.

Réduit alors à sa colonne du centre, c'est avec elle que le général Dubois soutint une lutte qui dura près de vingt-quatre heures. Le combat commença à 3 h. 1/2 ; à 7 heures, Dubois forçait l'ennemi à abandonner sa première redoute, dont il s'empara. Il fit aussitôt faire des retranchements et établir une batterie.

La nuit était venue ; les Autrichiens étaient fatigués. Ils prirent du repos. A 4 h. 1/4, dans la nuit du 19 septembre, le combat recommença avec un acharnement inexprimable. Au son de la charge, les bataillons français se lancèrent baïonnette en avant. L'ennemi était retranché dans des ravins très profonds ; ses batteries croisaient leurs feux. De son côté, le général Dubois fit avancer plusieurs pièces de 4 chargées à mitraille qui démontèrent quelques canons autrichiens.

Jusqu'à 2 heures de l'après-midi on se battit. « Jamais combat ne fut plus sanglant ; le soldat écumait de colère et voulait absolument enlever la seconde redoute autrichienne [1]. » C'eût été fait à 11 heures du matin, mais l'ennemi reçut 3,000 à 4,000 hommes de troupes fraîches et des canons. Dubois n'avait à leur opposer que des soldats harassés ; à 2 heures, il ordonna la retraite. Celle-ci s'opéra d'une manière imposante, et la division de Lauterbourg rentra dans la ville avec le meilleur ordre possible.

Cette malheureuse affaire, dans laquelle 3,000 hommes luttèrent contre 10,000, coûta 50 tués, 300 blessés, dont plusieurs colonels et beaucoup d'officiers, deux canons et un obusier démontés et trois caissons qui sautèrent.

En rendant compte à Landremont, le général Dubois déclarait avec amertume qu'il déplorait ces pertes et que des attaques

---

[1] Le général Dubois au général Landremont et aux Représentants, 20 sept. 1793.

Léon Hennet.   2

semblables répétées mettraient l'armée du Rhin hors d'état de tenir ses lignes. « Je vous avais prévenu la veille que l'ennemi était en force ; vous m'avez ordonné d'attaquer, et je n'ai su qu'obéir [1]. »

En effet, dès le 16 septembre, Dubois avait cherché à détourner le général en chef de ses projets ; il demandait que l'attaque de la division de Lauterbourg fût appuyée par une diversion de l'avant-garde, afin d'occuper une partie des forces de l'adversaire. Le même jour, le général avertissait les Représentants de l'ordre qu'il avait reçu, leur donnait connaissance des renseignements qu'il avait recueillis sur les dispositions de l'ennemi, qui avait massé des forces et attendait qu'on l'attaquât, afin d'obliger les troupes françaises à une retraite précipitée qui pourrait compromettre immanquablement leurs lignes. Il sollicitait, enfin, les Représentants de faire prendre au général en chef des dispositions pour que l'attaque fût générale, « afin d'épargner des victimes ».

Le général en chef, cependant, avait été prévenu le jour même par le général Dubois que l'ennemi s'attendait à une attaque. Les Autrichiens avaient levé leurs tentes à 6 heures du matin ; ils s'étaient rangés en bataille et avaient posté des centaines de tirailleurs en avant de leurs ouvrages [2]. Alors que 12,000 hommes n'auraient pu enlever les batteries fortifiées de l'ennemi, Landremont avait persisté dans l'ordre d'attaque, se contentant de prescrire que si une colonne était repoussée et que l'autre gagnât du terrain, on conservât ce terrain gagné. Cette manœuvre était inexécutable sous peine d'être coupé.

Dans la nuit du 20 au 21 septembre, les Autrichiens rétablirent les batteries qui avaient été détruites par la division de Lauterbourg, et donnèrent une grande puissance à celles placées sur les routes de Candel et de Rheinzabern. Ils se proposaient d'attaquer les lignes de Lauterbourg avec trois colonnes opérant chacune sur un point : Lauterbourg, Scheinbenhard et le moulin de Bienwald [3]. Dubois prévint de ces intentions de l'ennemi le général en chef, qui, pour toute réponse, lui enleva l'un de ses deux offi-

---

[1] Dubois au général en chef, 19 septembre 1793.
[2] Dubois au général Landremont, 19 septembre 1793.
[3] Dubois aux Représentants, 22 septembre 1793.

ciers du génie, précisément celui qui était chargé des travaux
en dehors de la place.

Cependant, de part et d'autre, on s'observa. L'Autrichien,
malgré ses désirs, usait de prudence, après l'attaque si vigou-
reuse du 19 septembre. Quant à l'armée française, elle utilisa
ses loisirs forcés à construire une grande redoute sur les hauteurs
de Steinfeld et à faire quelques autres ouvrages défensifs, afin
d'éviter toute surprise.

Le général Dubois mettait tous ses soins à l'éviter cette surprise. Il faisait tirer sur les batteries ennemies pour les démas-
quer et estimer leur importance ; il se tenait au courant des
projets de son adversaire par de fréquentes patrouilles ; il s'assu-
rait que l'infanterie avait des munitions et des pierres à fusil ; à
3 heures du matin, ses troupes, tous les jours, étaient sous
les armes. En rendant compte des dispositions qu'il prenait, le
général se plaignait à Landremont du triste état dans lequel
étaient ses troupes : ni capotes ni couvertures pour les senti-
nelles et les hommes au bivouac ; les bataillons étaient affaiblis
par les maladies, — il y avait déjà 4,000 hommes à l'hôpital, —
et il demandait que ses bataillons épuisés, harassés, presque nus
fussent remplacés par les corps de la garnison de Fort-Vauban,
lesquels n'avaient pas encore tenu la campagne [1].

Dans la journée du 29 septembre, l'artillerie autrichienne jeta
quelques obus dans Lauterbourg. On craignit une attaque de
vive force, mais ce n'était qu'une démonstration, le but principal
était le passage du Rhin, qu'éventa le général Legrand, envoyé
sur les bords du fleuve par Dubois avec un parti de 200 cavaliers et deux pièces d'artillerie.

L'armée autrichienne se remit en mouvement dans la nuit du
6 au 7 octobre. Les petits postes ne cessèrent de se fusiller ; on
entendit beaucoup d'artillerie rouler ; les escadrons se rangeaient
dans la plaine près Neubourg [2] ; mais l'attaque n'eut lieu que le

---

[1] Dubois à Landremont, 24, 25 et 26 septembre 1793 ; au général Michaud,
29 septembre ; au général en chef Meunier, 2 octobre.

Quelques mouvements de troupes eurent lieu : le 105e régiment et le 2e bataillon du 37e remplacèrent les premiers bataillons des 3e et 37e.

[2] Dubois au général en chef Carlenc, 7 octobre 1793.

13 octobre au matin. Dans la journée du 12, Dubois prévenait le général en chef, Carlenc[1], qui avait remplacé Landremont, que l'irruption de l'ennemi aurait lieu le jour même ou le lendemain matin.

En effet, dans la nuit du 12 au 13 octobre, quelques soldats autrichiens se glissaient entre nos avant-postes, atteignaient la redoute de Steinfeld et, arrivés là, se déclaraient déserteurs. Vers 4 h. 1/2 du matin, un parti de hussards suivit le même chemin et, à la faveur d'un brouillard intense, gagnait la redoute et parvenait à la tourner.

Trois coups de canon, à 5 h. 1/2, le 13 octobre, donnèrent le signal de l'attaque. L'ennemi fondit avec impétuosité sur nos avant-postes, les contraignant à la retraite ; en même temps, faux déserteurs, — que l'on avait eu l'imprudence de ne point désarmer, — et hussards sabrent et massacrent les Français de la redoute. Celle-ci « est enlevée et évacuée en un clin d'œil ; les canonniers, sans tirer un seul coup, emmènent les pièces, à l'exception d'une de 24 qui resta au pouvoir de l'ennemi[2]. »

Le brouillard persistait ; aussi, l'ennemi surprit-il encore quelques postes ; le désordre se mit dans certains corps de l'armée du Rhin. Les Autrichiens se portèrent en force contre eux, les harcelèrent et les poursuivirent jusqu'à Schweighoffen, où l'on parvint à les rallier. La réserve étant arrivée, on arrêta l'ennemi, et une canonnade très vive s'engagea, laquelle dura environ une heure. Mais les redoutes n'ayant pu tenir, le général Carlenc ordonna la retraite sur le Geisberg. Elle s'exécuta en bon ordre, combattant et repoussant l'ennemi chargé avec succès par le 2e chasseurs et le 4e dragons, qui le délogèrent de la forêt de Bienwald.

Pendant ce temps, la division de Lauterbourg ne voyait pas l'ennemi. Cependant, dans la matinée, pendant trois heures consécutives, une batterie élevée sur la rive opposée avait fait pleuvoir une grêle d'obus et de boulets sur notre camp retranché. Le

---

1 CARLENC (Jean-Pascal-Raymond), né à Albi en 1743, entra comme dragon au régiment de La Rochefoucauld en 1760. Lieutenant en 1782, capitaine en 1792, chef d'escadron le 8 mars 1793, général de brigade le 20 septembre, de division le 1er octobre, en chef de l'armée du Rhin le 2. Retraité en 1795.

2 *Campagnes du 17e dragons.*

brouillard empêchait les canonniers de pointer, et il ne fut pas tiré un coup de canon.

Cette canonnade était une fausse attaque. Les Autrichiens passèrent le Rhin à Seltz. Les renforts envoyés sur ce point étant arrivés trop tard, la communication entre Lauterbourg et Wissembourg se trouva interceptée. Le général en chef était à Wissembourg; il ne recevait aucune nouvelle de la division Dubois; presque toutes les ordonnances étaient tombées au pouvoir de l'ennemi.

Aussi, croyant Lauterbourg évacué et ayant appris le passage du Rhin à Seltz, Carlenc commença à se retirer pour ne pas s'exposer à être tourné sur sa droite. Toute l'armée était ralliée sur le Geisberg. Il était environ 2 heures de l'après-midi, lorsque la retraite commença. Celle-ci suivit la route de Wissembourg à Haguenau jusqu'à Surbourg, où l'on passa la nuit.

Le général Dubois, toujours abandonné, apprit, sur les 4 heures, à la fois la retraite des troupes françaises et le passage du Rhin par l'ennemi. De concert avec le Représentant du peuple Nion, le général décida de se retirer. Ce mouvement s'exécuta dans le plus grand ordre.

L'intention du général était de prendre position sur les hauteurs de Seltz et de contraindre l'ennemi à repasser le Rhin. C'était chose que celui-ci avait déjà faite, craignant d'y être obligé. Mais le Représentant du peuple n'était pas informé de ce mouvement rétrograde de l'adversaire, et il fit observer au général Dubois que les Autrichiens pourraient filer le long du Rhin et occuper la forêt de Haguenau avant les troupes françaises. Dès lors, on décida de se retirer jusqu'à ce point, que la colonne atteignit entre minuit et une heure du matin. L'armée était réunie entre Bischwiller et Haguenau [1].

Elle prit position en arrière des lignes de la Motter, de Niedermodern à Haguenau, à Bischwiller, à Rohrwiller, à Drusenheim, avec quelques petits corps en avant des lignes [2].

Le 18 octobre, à 8 heures du matin, le centre et la gauche de l'armée du Rhin furent attaqués. Ils repoussèrent l'ennemi; la

---

[1] *Journal général... de l'armée du Rhin.*

[2] *Notes topographiques et historiques de ce qui s'est passé entre Weissembourg et Strasbourg..., du 13 octobre 1793 au 8 nivôse an* II (28 *déc.* 1793).

cavalerie se distingua et culbuta six fois dans la journée les escadrons autrichiens. A 11 heures, Drusenheim et Rhorwiller étaient assaillis. Ces postes ne firent aucune résistance, et l'ennemi les occupa.

A midi, le général Dubois réunit sa division et la rangea en bataille dans la plaine, entre Offendorff et Gambsheim, après s'être emparé du pont de ce village, qu'il fit défendre par deux pièces d'artillerie. Sa brigade de gauche, La Boissière[1], s'était laissé surprendre, avait été mise en déroute et s'était retirée en désordre sur Offendorff ; la brigade de droite, Warnesson[2], devant l'attaque des Autrichiens, avait quitté le champ de bataille sans ordre, se portant aussi sur Offendorff[3].

La position de la division de Lauterbourg était critique. Aux prises avec un corps de 4,000 fantassins et 6,000 chevaux pourvus d'une artillerie nombreuse, elle se trouvait, de plus, en bataille dans une plaine, sans aucuns retranchements, couverte seulement par le Wenbach.

A 1 heure de l'après-midi, le général Dubois demandait instamment des renforts, — deux ou trois régiments de cavalerie et de l'infanterie, — au général en chef. Bien résolu à tenir ses positions en attendant leur arrivée, il commença à faire canonner l'ennemi, qui répondit avec vigueur. Mais on apprit au général qu'une colonne autrichienne filait le long du Rhin, que même déjà elle était à deux lieues sur les derrières, que dès lors la retraite pourrait être coupée et que, enfin, l'artillerie légère avait épuisé ses munitions.

Dans la crainte de laisser entamer l'infanterie par les nombreux

---

[1] Le colonel La Boissière, du 2e chasseurs, avait remplacé le général Legrand le 7 octobre ; le général Warnesson avait succédé à Michaud le 16 octobre.

Garnier de La Boissière (Pierre), né à Chassies (Charente) en 1754, entra à l'Ecole militaire de Paris en 1769, fut nommé sous-lieutenant aux dragons de Custine en 1772 et capitaine dans Montmorency en 1788. Colonel du 2e chasseurs en 1792, général de brigade en 1794 et de division en 1799. Sénateur en 1803. Décédé en 1809.

[2] Warnesson (Jean-Baptiste), né à Vaumontreuil (Ardennes), en 1745, soldat au régiment d'Eu en 1763, porte-drapeau en 1777, capitaine en 1791, lieutenant-colonel au 3e bataillon de grenadiers de l'armée du Rhin en janvier 1793 ; général de brigade provisoire en octobre ; retraité en 1796. Chef de la 6e demi-brigade de vétérans en 1800 ; décédé en 1807.

[3] Dubois à Carlenc, 18 octobre, 1 heure, sur le champ de bataille de Gambsheim.

escadrons prêts à la charger et, par suite, de compromettre Strasbourg et l'armée, la retraite fut ordonnée ; elle se fit en bon ordre, toute l'artillerie sauvée et sans perdre un homme, et l'on s'arrêta à Hœnheim. La droite se trouvait dégarnie par ce mouvement rétrograde, mais la cavalerie, — 8ᵉ et 10ᵉ chasseurs, 8ᵉ, 11ᵉ et 17ᵉ dragons, — fit bonne contenance et chargea à plusieurs reprises. L'ennemi ne put l'entamer ; la nuit survint qui arrêta ses tentatives [1].

Le 19 octobre au matin, l'armée du Rhin était rassemblée sous les murs de Strasbourg, occupant Hœnheim, Weyersheim, Mundolsheim, Griesheim, Ittenheim ; la gauche appuyée à La Wantzenau ; la gauche à Saverne. Elle se trouva le 21 réunie à la division Burcy, de l'armée de la Moselle, envoyée pour renforcer l'aile droite de l'armée du Rhin. Chaque jour dans la suite jusqu'aux grands événements de la fin de décembre, fut marqué par des luttes partielles, souvent couronnées de succès.

Dubois avait été, le 11 septembre, mis à la tête de la division de Lauterbourg. Dès le 13, il demandait à être relevé de ce commandement, se déclarant prêt à servir avec plaisir comme général de brigade sous les ordres du divisionnaire qui serait envoyé.

Sa nomination avait fait des jaloux. Mais comme la seule ambition du général Dubois était de servir sa patrie, il saisit les occasions qui lui parurent favorables pour offrir de remettre son commandement. Quand il apprit, le 3 octobre, la nomination de Michaud comme divisionnaire, il demanda aux Représentants du peuple de donner à celui-ci la division de Lauterbourg, sollicitant pour lui-même une brigade de cavalerie.

Le 6 octobre, au nouveau général en chef, Carlenc, Dubois se déclarait incapable de conduire une division de 17 bataillons et de 2 régiments de cavalerie. Sa place, disait-il, était à une brigade de cette dernière arme ; on lui avait, du reste, fait sentir qu'un général de brigade ne devait pas commander un autre général de brigade.

Ses vœux furent enfin remplis. Quelques jours après, le Conseil exécutif nomma un général à la division de Lauterbourg, et

---

[1] *Notes topographiques... du 13 octobre 1793 au 8 nivôse an II et Journal général... de l'armée du Rhin.*

Dubois prit le commandement d'une brigade de cavalerie à l'avant-garde. Le général en chef lui donna, en outre, quatre bataillons d'infanterie [1].

Avec sa brigade, établie si près de l'ennemi que vedettes et avant-postes pouvaient se parler, il courut journellement les villages, en chassant l'ennemi et les émigrés, s'emparant de grains, de fourrages, de bétail, de chevaux, d'étoffes, dirigeant ses prises sur Strasbourg, têtes de bétail et voitures de grains par centaines [2].

---

[1] Dubois au conventionnel Jean Debry, son cousin, 10 novembre 1793.

[2] Le général Dubois au général en chef, 2 novembre 1793 ; aux Représentants Le Bas et Saint-Just, 8 novembre 1793.

ARMÉE DE LA MOSELLE.

Hoche, avec l'armée de la Moselle, cherchait à débloquer Landau. Les efforts qu'il avait tentés sur Kaiserslautern furent infructueux ; chaque jour les renouveler devenait plus difficile.

Sur-le-champ, le jeune général conçut un plan nouveau, mieux calculé et plus hardi que celui qu'il avait essayé de réaliser. Il pensa que les troupes de Wurmser, isolées et occupant une ligne trop étendue, ne pourraient résister, si l'armée du Rhin l'attaquait de front, tandis que l'armée de la Moselle déboucherait rapidement sur l'extrême droite de la ligne ennemie. Ce projet fut adopté par les représentants du peuple, et l'on mit à la disposition de Hoche une division de l'armée des Ardennes, la division Taponier [1], qui forma la droite de l'armée de la Moselle.

Les opérations des deux armées combinées commencèrent vers le milieu de novembre.

Les différents succès remportés par les divisions Desaix, Férino, Michaud, — dont faisait partie la brigade Dubois, — Taponier et Burcy, des armées du Rhin et de la Moselle, avaient ranimé l'ardeur des troupes démoralisées par les revers persistants qu'on venait d'essuyer, harassées par les fatigues de marches et de luttes continuelles, et éprouvées par les privations.

Ces fatigues et ces privations jointes à l'incapacité des généraux, aux trahisons journalières, avaient fortement atteint la discipline de l'armée. Mais Saint-Just et Le Bas étaient venus en mission extraordinaire à l'armée du Rhin. Ils prirent des mesures révolutionnaires pour rétablir l'ordre. Ils firent fusiller le général Isambert qui avait quitté ses positions sans ordre, des colonels, des officiers, des simples soldats même; ils destituèrent; ils prévinrent qu'une demande de retraite, — celles-ci se produisaient nombreuses, — était un arrêt de mort.

---

[1] *Victoires et Conquêtes*, t. II, p. 150.

Le général Dubois fut même traduit devant la commission militaire pour avoir dit que l'ennemi avait passé le Rhin à Seltz au nombre de 10,000 hommes. Absous le 7 décembre, il fut envoyé à l'armée de la Moselle.

Ainsi, la confiance et la discipline furent ramenées, et l'effet des mesures de terreur se trouva tel que les assignats reprirent leur crédit et eurent même valeur que la monnaie de métal [1].

Le soldat demandait de nouveaux combats.

En conséquence, dans un conseil tenu à Niederbronn le 21 décembre, par les généraux en chef Hoche et Pichegru et les représentants du peuple, une attaque décisive fut concertée pour le lendemain [2].

On était arrivé en présence des retranchements de l'ennemi. Hoche fait marcher en colonnes les trois divisions qui composaient son armée : deux devaient attaquer le front; la troisième, filant à travers les bois, était destinée à prendre les Prussiens de flanc [3].

L'attaque commença sur le front des retranchements, le 22, ainsi qu'il avait été arrêté la veille. A la vue des obstacles à franchir, du triple rang de batteries qui protégeaient les ouvrages de l'ennemi, une certaine hésitation se met dans les rangs des troupes républicaines. Hoche ranime leur courage ; les bataillons français s'élancent, baïonnette en avant. L'ennemi oppose une vive résistance : son artillerie fait un feu terrible qui fauche des rangs entiers.

Électrisées par leur général, les troupes de l'avant-garde de l'armée de la Moselle forcent la première ligne des redoutes. Dubois, qui commandait cette avant-garde et combattait à sa tête, est à ce moment frappé d'un coup de biscaïen à la jambe droite.

Cet événement ne ralentit pas l'ardeur des soldats ; les seconds retranchements sont enlevés; les Prussiens, se voyant pris en flanc, dégarnissent leur front de bataille. Hoche aperçoit le mouvement ; il imprime un nouvel et suprême élan à ses troupes, et les derniers retranchements au sommet des hauteurs sont em-

---

[1] Dubois à Jean Debry, 30 novembre 1793.
[2] *Notes biographiques.*
[3] *Victoires et Conquêtes*, t. II, p. 176.

portés. Les Prussiens s'enfuient, poursuivis vigoureusement par la cavalerie.

C'est en quelques lignes que Hoche annonça sa victoire à la Convention ; il ajouta ce *post-scriptum :* « Nous avons recom-« mencé de nouveau, pris des canons et des caissons. Ce jour « serait le plus beau de ma vie, si je n'avais à regretter l'in-« trépide Dubois, général de brigade ; il a une balle dans la « jambe [1] ».

Relevé du champ de bataille, le général Dubois fut transporté à Bouquenom, chez le citoyen Reiterwald [2]. Après être demeuré deux mois « sur le dos [3] », il rejoignit les avant-postes de l'armée de Moselle dans les premiers jours de mars 1794, et, le 10 de ce mois, les représentants du peuple Lacoste et Baudot le nommè-rent général de division, et lui confièrent le commandement de la cavalerie de l'armée de la Moselle.

Mais, pendant la campagne qui allait s'ouvrir, l'armée de la Moselle devait rester en observation. Le général Dubois le vit « avec peine » [3] à son retour à l'armée et demanda le comman-dement d'une division de cavalerie à l'armée du Nord, « où l'on frappera les grands coups ». En même temps que le général sol-licitait son envoi à l'armée du Nord, le général en chef Pichegru, qui l'avait apprécié à l'armée du Rhin, fit des démarches pour emmener Dubois avec lui, et le 30 mars, Bouchotte donnait l'ordre de satisfaire Pichegru.

---

[1] Hoche au Ministre de la guerre, Woerth, 22 décembre 1793.

« Hoche a dû te mander que j'avais chargé trois redoutes avec ton régiment (3e de hussards) et pris plusieurs pièces de canon et fait cent prisonniers ; j'ai chassé l'ennemi avec ce brave régiment et le 2e de carabiniers une lieue et demi de terrain ; le 14e régiment de dragons s'est réuni à moi pour s'emparer des hauteurs de Wœrth ; il s'est aussi parfaitement distingué et a pris deux pièces de canon à l'ennemi. » (Dubois à Bouchotte, Bouquenom. 28 décembre 1793).

[2] Dubois à Bouchotte, 28 décembre 1793.

[3] Dubois à X. Audouin, adjoint au Ministre, 26 mars 1794.

ARMÉE DU NORD.

Dès la réception de sa lettre de service, datée du 4 avril et parvenue le 13, le général Dubois se mit en route pour rejoindre sa nouvelle armée, dont le quartier général était à Guise, alors dénommée Réunion-sur-Oise. Dubois arriva dans cette ville le 17 avril. N'y trouvant pas le général en chef parti pour Lille, son premier mouvement fut d'aller l'y rejoindre ; il en avertit même le ministre ; mais à cause de la situation. Il alla offrir ses services au général Balland, qui lui ordonna de prendre le commandement de toutes les troupes à cheval et d'établir son quartier général à Saint-Germain [1].

Le général Dubois entra en fonctions le 18 avril et recevait le commandement des brigades de cavalerie des divisions Goguet et Balland.

Par l'ordre du 19 au 20 avril, il leur donna les instructions suivantes :

« La grand'garde montera tous les matins à 4 heures et restera avec celle qui viendra la relever jusqu'à 6 heures du matin du lendemain.

« Les régiments seront régulièrement à 4 heures du matin sous les armes et dans le plus grand silence. Si l'ennemi ne fait aucun mouvement, ils se retireront à 7 heures du matin dans leur cantonnement, en observant de tenir leurs chevaux sellés et prêts à monter à cheval au premier signal. Les généraux de brigade ordonneront aux grand'gardes des patrouilles d'heure en heure toute la nuit. Il sera commandé un capitaine par chaque brigade de ronde de nuit ; ce capitaine commencera sa ronde à 10 heures du soir et ne rentrera à son poste ou cantonnement qu'avec son régiment. Il rendra compte au général de brigade, et par écrit,

---

[1] Ordre du 17 avril 1794.

des découvertes qu'il aura faites dans ses rondes, et s'il apercevait un mouvement extraordinaire, il en rendrait compte sur-le-champ au général de brigade, qui en fera aussitôt part au général de division...

« Le bien du service exigeant la plus grande surveillance, les généraux de brigade donneront les ordres les plus sévères pour qu'il ne sorte des bivouacs ou cantonnements aucun homme à cheval sans une permission par écrit de l'un de ses chefs, à moins que ce ne soit pour aller aux distributions ou comme ordonnance...

« Ils... veilleront... au maintien de la bonne discipline...

« Comme le bien du service et son ensemble exigent la plus grande harmonie, dans les cas extraordinaires les généraux de brigade de chaque division se concerteront ensemble et feront part de leurs dispositions aux généraux de division d'infanterie les plus à portée d'eux [1]. »

En d'autres instructions, Dubois recommande fréquemment l'union et la discipline : « Amitié, fraternité et exactitude dans notre état, c'est le moyen de vaincre les tyrans et d'éviter d'être surpris [2] » ; sans cesse il prescrit de redoubler de surveillance et de faire garder militairement ses alentours pour éviter toute surprise [3] ; toujours il ordonne que chaque prise d'armes soit exécutée dans le plus grand ordre et avec le plus grand silence pour ne pas donner l'éveil à l'ennemi.

Faire de fortes reconnaissances chaque jour à 3 h. 1/2 du matin, en se divisant sur tous les points du camp retranché en avant des grand'gardes ; pousser les découvertes le plus loin possible, sans cependant se compromettre ; éviter de faire les patrouilles à travers les plaines couvertes de récoltes, quand on le pourra autrement sans nuire au service [4]. Instruire des découvertes utiles faites de suite les généraux de brigade, qui en informeront immédiatement le commandant de la cavalerie par une ordonnance, soit de jour, soit de nuit.

---

[1] *Armée du Nord, division du général Alexis Dubois, livre d'ordres commencé le 10 germinal an II (30 mars 1794).*

[2] Circulaire aux commandants des régiments de cavalerie, 24 avril 1794.

[3] Ordres des 27 et 30 avril, 10 mai, 12 juillet 1794, etc.

[4] Note-circulaire aux généraux de brigade, 4 et 7 mai 1794.

Tenir toujours les armes en bon état; panser les chevaux; avoir le plus grand soin des équipages; veiller à ce qu'éclaireurs et tirailleurs soient munis de cartouches.

Plus tard (27 août 1794), il prenait ces dispositions pour le service des grand'gardes : « Les vedettes et petits postes seront à cheval nuit et jour et relevés régulièrement toutes les deux heures. La moitié de la grand'garde sera tout le jour à cheval, et l'autre moitié fera manger ses chevaux. A 9 heures du soir, le capitaine ou le commandant de la grand'garde fera monter toute la garde à cheval et l'y tiendra dans le plus grand silence jusqu'à 5 heures du matin. La nuit, il fera lui-même plusieurs patrouilles, visitera son petit poste et ses vedettes toutes les heures. »

Le général Dubois tenait, en outre, la main à ce que les situations journalières des régiments de sa division fussent remises chaque matin aux généraux de brigade pour lui être communiquées. Ces situations devaient contenir la force détaillée de chaque corps en hommes et en chevaux, le nombre d'escadrons qui les composaient et le lieu de leur bivouac ou de leur cantonnement.

Il ne permettait aucune infraction à la discipline, il ne souffrait aucunes dilapidations même légères, tenant à honneur de conserver intacte la bonne réputation que s'étaient faite et dont jouissaient les troupes sous ses ordres. Ne rien prendre de son autorité privée, disait-il, soit dans les cantonnements, soit dans les campagnes, soit dans les convois, mais se plaindre de suite à l'état-major du général si les distributions ne sont pas faites. Dubois menace de toute la rigueur des lois les cavaliers qui vendent l'avoine de leurs chevaux et se plaignent que ceux-ci sont hors d'état de servir.

Aux chirurgiens-majors, défense de délivrer des billets d'hôpital sans cause légitime; ils devront faire de fréquentes visites dans les camps et sous les tentes, afin de n'y point laisser les hommes gravement atteints.

Toutes ces instructions, tous ces ordres, tous ces préceptes étaient prévus par les règlements ; ils étaient normaux et leur observation pouvait parer à des dangers.

Généraux et colonels n'en avaient cure. Journellement Dubois rappelle à l'exécution des prescriptions réglementaires. Pour lui, la discipline, puis agir et se garder militairement, selon ses expressions, devaient donner la victoire. Malheureusement ses ordres demeuraient à l'état de lettre morte, et il se vit obligé de menacer les généraux de brigade de les rendre personnellement responsables de la négligence et du désordre apportés dans le service.

A cette époque où Saint-Just et Le Bas étaient en mission à l'armée du Nord, une telle menace eut dû produire son effet; il n'en fut rien. Dans cette malheureuse armée, indiscipline et désordre. Les généraux ne donnant pas l'exemple, les officiers se relâchaient et la troupe pillait et saccageait. Elle quittait le bivouac pour aller se divertir dans les campagnes. Les cavaliers envoyés en mission restaient à boire et à s'amuser. Certains même passaient à l'ennemi, comme ce malheureux sous-officier et ses soldats que les Autrichiens hachèrent et dont on retrouva les cadavres mutilés.

C'était à Saint-Germain que devaient se faire les distributions de fourrages et d'avoine. Les voitures étaient arrêtées avant d'arriver à destination et leur contenu se trouvait dilapidé. Si elles parvenaient, on gardait les voitures et les nouvelles distributions étaient entravées [1].

Le général se plaint aussi qu'il y ait trop de femmes dans le camp. Enfin, un esprit d'intrigue et de désorganisation existait dans certains corps.

Au point de vue militaire, des fautes qui auraient pu entraîner de graves conséquences, étaient commises. Malgré les ordres les plus formels et les plus réitérés, le général Dubois ne pouvait arriver à assurer le service des ordonnances au grand quartier général : 12 hommes par jour avec vivres et fourrages. Les généraux de brigade oubliaient de les faire envoyer ou ne les faisaient point relever, ou les laissaient partir sans vivres et sans fourrages, et la transmission des ordres en souffrait.

Les régiments ne bivouaquaient pas conformément aux instructions. On ne tenait pas les chevaux sellés pendant la nuit; les

---

1 Les distributions de fourrages paraissent avoir été faites presque journellement. Pour les hommes, des distributions de viande s'opéraient tous les quatre jours. On donnait aussi de l'eau-de-vie, mêlée avec du genièvre, à dater de mai 179ʼ. Pendant la campagne de Belgique, après Fleurus, on distribua de la bière.

officiers, quittant leurs cavaliers, allaient coucher dans les villages. Aussi durant la nuit, les hommes se répandaient dans la campagne, coupant les trèfles sur pied et saccageant les blés et les avoines, pendant que l'on en voyait d'autres errer dans le camp, à tel point que les Représentants du peuple prirent un arrêté déclarant que qui serait trouvé sans ordre la nuit au quartier général, serait puni de mort.

Tel était l'état moral de la cavalerie de l'armée du Nord lorsque le général Dubois vint en prendre le commandement. Et pourtant ses commandants de brigade étaient d'anciens officiers de la monarchie, comptant de longs services, plus anciens de service même que le général de division. Cette négligence, cette insouciance du maintien de la discipline tenaient peut-être à ce que ces commandants de brigade ne connaissaient que peu les troupes sous leurs ordres et ne pouvaient guère, par suite, s'y attacher beaucoup.

En effet, c'était une valse continuelle entre les régiments qui, parfois, changeaient de brigade deux fois dans la semaine. Les généraux paraissent plutôt chargés de la défense d'un poste que du commandement d'une troupe; leur quartier général est fixe. Ainsi, en mai 1794, d'Hautpoul à La Chapelle; Bousson, à la droite du camp retranché de Lesquielle; Despret, à la gauche de ce camp.

Pour des raisons de service qui échappent aujourd'hui et que la lecture des ordres ne fait pas connaître, le 27 avril, le 17e régiment de cavalerie et le 12e dragons, de la brigade d'Hautpoul, passent, le premier à la brigade Despret et le second à la brigade Bousson, en place des 3e cavalerie et 20e dragons. Le lendemain 28, d'Hautpoul reçoit l'ordre de donner le 20e dragons au général de division Balland, qui n'a avec lui que le 16e cavalerie; ces deux corps forment la brigade Gaudin. Le 2 mai, d'Hautpoul reprend le 20e dragons et reçoit le 17e cavalerie qui vient de la brigade Despret où il est remplacé par le 16e. De son côté, ce même jour, 2 mai, Bousson perd le 2e dragons qui va à Saint-Quentin et est remplacé par le 3e cavalerie. Et cela continuellement. Deux régiments seuls ne changent pas : le 6e chasseurs et le 2e hussards, lesquels restent avec d'Hautpoul, qui a quatre régiments sous ses ordres.

Présentons les commandants de brigade.

Alors les brigades ne sont pas toujours aux ordres d'officiers généraux; elles sont commandées soit par des généraux de brigade à titre définitif ou provisoire, soit par le plus ancien des deux chefs de brigade, soit quelquefois même par un simple officier supérieur. Dans la correspondance, chefs de brigade et officiers supérieurs sont désignés sous le titre de général provisoire, mais ils n'en ont nullement le grade, et lorsque les circonstances imposent des changements, ils rentrent purement dans le rang. Ce fut le cas de Gaudin, Despret et Bousson, lors de l'organisation de la cavalerie de l'armée de Sambre-et-Meuse, le 9 juin 1794, après la réunion avec l'aile droite de l'armée du Nord.

Le premier commandant de brigade, *d'Hautpoul* (Jean-Joseph), était général de brigade provisoire. Dragon à la Légion du Dauphiné en 1771, il devint successivement, de 1791 à 1794, lieutenant, capitaine, lieutenant-colonel et colonel du 6e chasseurs à cheval. Général de division en 1797, il fut mortellement frappé à la bataille d'Eylau. Point à remarquer, dans les ordres à d'Hautpoul, Dubois n'a jamais à relever des infractions aux instructions ou à se plaindre de l'indiscipline.

Gaudin (Jean-Olivier), qualifié général de brigade provisoire dans un ordre du 23 avril 1794. Il était colonel du 16e régiment de cavalerie et commanda la brigade formée au début avec ce régiment et le 20e dragons. Gaudin était né à Maletrois (Morbihan). Cavalier au régiment de Bourgogne (16e) en 1766, il devint sous-lieutenant en 1784, lieutenant-colonel en 1792 et colonel en février 1794. On le nomma provisoirement général de brigade en juillet 1794.

Despret (Albert-Victor-Marie), né à Chimay, en Belgique, en 1745, avait été dragon au régiment d'Orléans en 1764, gendarme de la garde en 1767 et capitaine attaché aux troupes légères, servant sous le nom de La Marlière. Capitaine au 10e chasseurs en 1788, lieutenant-colonel puis colonel du 8e cavalerie en 1792, il reçut à la formation des brigades le commandement de celle constituée avec les 3e et 8e cavalerie. Nommé général de brigade en 1795.

Bousson (Ignace), d'Arbois, où il naquit en 1759, enrôlé au régiment de Bourbon (3e dragons), en 1776, était chef d'escadron au corps lorsque le général Dubois, par ordre du 24 avril, le considérant comme un officier intelligent, le chargea de commander une brigade formée de deux escadrons du 3ᵉ dragons et du 20ᵉ dragons. Bousson exerça ces fonctions jusqu'au mois de juin. Il rentra au corps dans son grade de chef d'escadrons et devint, en 1803, colonel du 2ᵉ chasseurs[1].

Le chef d'état-major de la cavalerie du général Dubois était l'adjudant général Étienne *Radet*, officier distingué et bien connu dans la suite comme grand prévôt de la Grande Armée. Dubois l'avait choisi comme aide de camp au mois de février 1794; il l'emmena à l'armée du Nord. Radet avait pour adjoints Antoine *Jolivet*, sous-lieutenant au 17ᵉ dragons qui, auparavant, avait été aide de camp de Dubois, sous les yeux duquel il s'était particulièrement distingué à Wœrth où il s'était emparé d'un canon, et Al. *Dubois*, maréchal des logis chef au 11ᵉ chasseurs à cheval, simple homonyme du général.

Les aides de camp de celui-ci étaient les sous-lieutenants Joseph-Louis-Gabriel *Noël*, du 4ᵉ dragons, et Jean-Dieudonné *Lion*, du 20ᵉ chasseurs, qui mourut lieutenant général, comte, grand'croix de la Légion d'honneur et commandeur de Saint-Louis.

Le général avait deux domestiques dont son registre de correspondance donne les noms et le salaire mensuel : Valentin, 60 livres; Louis, 50 livres.

L'organisation de la cavalerie de l'aile droite de l'armée du Nord subit des transformations.

Au début, c'est-à-dire lors de l'arrivée du général Dubois et de la constitution qu'il donna à ses troupes, quatre brigades : d'Hautpoul, Gaudin, Despret et Bousson. La brigade d'Hautpoul, forte de quatre régiments, était détachée comme avant-garde à La Capelle et, bien que sous les ordres du général Dubois, opérait presque isolément[2]; les brigades Despret et Bousson occupaient le camp retranché de Lesquielle; la brigade Gaudin formait la cavalerie de la division Balland et recevait cependant les ordres du général de la cavalerie.

---

[1] Des brigades furent commandées, mais pendant fort peu de temps, par les commandants Pagès, du 3ᵉ cavalerie, et Pluchenaud, du ᵉ régiment.

[2] Le 24 avril, Dubois se plaint à d'Hautpoul de ne recevoir de lui aucun rapport journalier tant sur la position de l'ennemi que sur celle de la brigade, aucune situation, aucun renseignement sur ses régiments.

Jourdan, au mois de juin 1794, réorganisa les divisions d'infanterie de l'armée du Nord. L'ancienne organisation de la cavalerie fut modifiée également. Bousson, Despret et Gaudin rentrèrent à leurs régiments respectifs.

Une brigade, sous les ordres du général provisoire Boyer, nommé à cet effet, fut attachée à la division Kleber (12e chasseurs et 4e hussards); une autre, confiée à Boisset, de même promu provisoirement pour ce général de brigade, annexée à la division Muller (7e dragons et 16e chasseurs); les 17e, 22e et 25e régiments de cavalerie furent mis sous les ordres du général Scherer [1]. Dubois ne conserva, dès lors, comme cavalerie des divisions du corps Ferrand [2], que la brigade d'Hautpoul (12e dragons et 6e chasseurs [3]), et la brigade Soland [4] (6e et 8e cavalerie), qui venaient d'arriver à l'armée.

A chaque brigade, une compagnie d'artillerie légère était attachée; elle devait toujours marcher avec sa brigade.

Un commissaire des guerres était affecté à la division de cavalerie. Les titulaires de l'emploi furent Pierre-Hyppolite *Garnot*, puis Jean-François *Taté*, ancien réquisitionnaire du district de Vouziers, remarquable par sa suffisance.

Enfin, les guides étaient aux ordres du capitaine *Desayer* et du maréchal des logis *Parisot*.

Au mois d'avril 1794, l'armée coalisée en Flandre se tenait : la droite à l'Escaut, le centre au Cateau et à Valenciennes, la gauche au Quesnoy. Sa force était d'environ 100,000 hommes. 25,000 hommes sous Clerfayt étaient destinés à couvrir Tournay, Courtrai, Ypres et la West-Flandre. Les Hessois occupaient Denain; des Hanovriens, Menin.

Les principales forces françaises, de beaucoup inférieures en

---

1 Ordres du 9 juin 1794.

2 Dubois au général Ferrand, 14 juin 1794, et ordres à d'Hautpoul et Soland, du 9.

3 Par ordre du 14, la brigade d'Hautpoul perd le 2e hussards qui est placé à la division Muller.

4 Soland (Guillaume), né à Mézieux (Ain) en 1747, dragon à la Légion de Flandre en 1762, maréchal des logis en 1773, devint commissaire de la marine en 1782, rentra au service de terre en 1792 comme lieutenant-colonel au 6e cavalerie. Général de brigade au mois de janvier 1794, il est mort au mois de novembre suivant des suites d'une chute de cheval.

nombre, étaient réunies entre Cambrai et Guise pour couvrir ces places, qui n'offraient plus qu'un dernier obstacle à la marche des Alliés dans l'intérieur de la France.

L'armée du Nord formait plusieurs camps sur la ligne qu'elle occupait, et était divisée en corps d'armée. Une partie, sous les ordres directs du général en chef Pichegru, avait pour projet d'attaquer le centre de l'ennemi et pour objectif de dégager Landrecies. Moreau faisait diversion dans la Flandre maritime. Les divisions Balland et Goguet gardaient Guise et ses environs.

Des ordres d'attaque pour le 21 avril avaient été donnés le 19. L'aile droite de l'armée du Nord devait marcher en avant pour concourir aux mouvements ayant pour but le déblocus de Landrecies.

En conséquence, les troupes du camp retranché de Guise, le 21 avril, à la pointe du jour, attaquaient Léchelle, Énappe, Estrun, Laneuville et Bouin. La cavalerie coopéra à l'action : la brigade d'Hautpoul, partie pour Vervins, devait occuper La Capelle, au besoin de vive force. La Capelle fut prise et l'on remporta quelques succès, mais la nuit fit cesser le combat, et les troupes françaises battirent en retraite pour ne pas rester aventurées. La réussite, du reste, n'avait pas été générale : la division Fromentin ne donna pas ; celle du général Balland tenta peu en dehors de la prise de La Capelle ; quant à la colonne Goguet, elle avait été repoussée et s'était enfuie jusque dans son camp, sous Guise. Le malheureux général [1] paya son échec de sa vie : il fut tué d'un coup de fusil en pleine poitrine, parti d'un corps d'infanterie qu'il s'efforçait en vain de ramener au combat et auquel il reprochait sa lâcheté.

Le lendemain, 22 avril, le général Ferrand venait remplacer le général Goguet et le général en chef lui confia le commandement des six divisions de l'aile droite de l'armée du Nord : Ferrand, Drut, Balland, Mayer, Fromentin et cavalerie de Dubois.

On reprit donc ses anciennes positions ; d'Hautpoul occupant La Capelle pour protéger les communications.

Le 26 avril, de nouveau, l'aile droite de l'armée du Nord mar-

---

[1] Goguet était médecin avant la Révolution. Il s'enrôla en 1792, fut nommé en 1793 général de brigade à l'armée des Pyrénées orientales et, en 1794, général de division à l'armée du Nord.

chait à l'ennemi. Les troupes du camp retranché de Guise se portèrent par Estrun et Oisy sur le bois Lévêque, le mouvement général de l'armée ayant Landrecies pour objectif. Le combat fut malheureux et l'on dut battre en retraite. La cavalerie donna et la brigade de gauche, Desprct, notamment le 8ᵉ cavalerie, se distingua [1].

A 3 heures du matin, le 29 avril, les armes furent reprises pour une nouvelle tentative. La brigade d'Hautpoul marcha avec la division Balland sur Le Nouvion; les brigades Despret, Bousson et Gaudin se portèrent sur les hauteurs d'Hennape pour protéger le flanc gauche et faire leur jonction au-dessus d'Étreux. L'attaque encore échoua par le peu d'ensemble des différents mouvements et le manque de résolution de quelques colonnes. Landrecies était toujours le point visé, le but à atteindre; chaque division partait des points divergents d'une grande circonférence, mais elles étaient chacune livrées au hasard et à l'habileté de leurs chefs. D'où isolement et faiblesse dans les attaques particulières, ce qui donnait à l'ennemi la facilité de repousser les colonnes l'une après l'autre [2].

Dès la réception de l'avis des succès remportés par Pichegru à Menin, une nouvelle marche en avant des troupes du camp retranché de Guise fut décidée. Le 1ᵉʳ mai, dans la soirée, la division de gauche se portait entre Étreux et Oisy; la division Balland au Nouvion, et d'Hautpoul recevait l'ordre d'aller bivouaquer le plus en avant possible pour que le lendemain, 2 mai, on pût attaquer, dès 3 heures du matin, sur tous les points.

L'attaque eut lieu, en effet: le général Dubois chargea la redoute du Chapeau-Rouge et poursuivit l'ennemi jusqu'auprès de Catillon. A ce moment, on apprit la reddition de Landrecies faite la veille aux Coalisés; le général Ferrand donna l'ordre de rentrer dans les positions.

En rendant compte de ces trois derniers combats, le général Dubois écrivait à Pichegru [3]:

« Mon cher général..., je ne dois pas te taire le chagrin que j'éprouve de voir la manière dont on sert dans ces divisions. Je

---

[1] Ordre du général Dubois, du 26 au 27 avril, 9 heures du soir.
[2] *Mémoires militaires du général Duhesme* (21 nov. 1793 — 4 nov. 1794.)
[3] 3 mai 1794.

vois, avec la plus vive douleur, que le brave général Ferrand
n'est point secondé. Landrecies est au pouvoir de l'ennemi. Si
chacun eût fait son devoir et eût obéi, les choses auraient changé
de face, et il n'y a point de doute que nous ne fussions parvenus
à débloquer Landrecies. Quand ce général donne des ordres on
ne désobéit pas, mais on fait mille observations qui entravent la
marche et arrêtent nos succès. Sous le prétexte d'être tourné, on
reste dans sa position.

« Ta présence ici est des plus nécessaires; je ne doute nullement qu'en un instant les choses ne prennent une meilleure tour-
nure. Je dois aussi t'assurer qu'il manque des généraux dans ces
divisions, et cela peut influer pour beaucoup; car le soldat français, quand il est bien mené, déploye du courage et de la valeur.
La confiance ne s'achète pas, mais elle s'acquiert par le travail et
par l'exemple. »

Enfin, le général Dubois déclarait ne voir d'autre parti à
prendre que se réunir en force et d'attaquer avec impétuosité:
« Tant que nous morcellerons nos forces et que nous ne marche-
rons pas d'un pas égal, nous compromettrons souvent les intérêts
de notre patrie. »

Sur ces entrefaites, un nouveau plan de campagne fut adopté.
Ce plan était ancien; c'était celui de déborder l'ennemi sur ses
ailes par la West-Flandre. Son exécution eût été entreprise après
Wattignies, si la rigueur de la saison et le peu de moyens comme
troupes ne l'avaient fait ajourner.

Le Comité de Salut public décida donc, pour réussir cette fois,
la réunion de grandes masses. L'aile droite de l'armée du Nord
reçut l'ordre de s'avancer pour se réunir à l'armée des Ardennes,
puis à celle de la Moselle, sous Charleroi.

Le mouvement en avant commença le 8 mai pour une partie
des troupes du général Ferrand, pendant que la division Balland,
traversant la forêt du Nouvion, resserrait Landrecies. Ce jour-là,
les divisions Fromentin et Müller, celui-ci venant de Vendée, et
les troupes du général Despeaux, qui gardait la Sambre, se
réunissaient au général Desjardins, lequel tenait la ligne de Solre-
sur-Sambre à Solre-le-Château et avait fait sa jonction avec l'armée des Ardennes.

Deux jours après, le 10 mai, la division du général Dubois

livrait son dernier combat à l'armée du Nord, à Jérusalem, Iron et Étreux, sans succès encore.

A la suite de ce combat, la brigade d'Hautpoul fut détachée de la division Dubois; elle rejoignit les divisions Fromentin, Muller et Despeaux le 12 mai et fut placée à l'avant-garde que commandait Duhesme. Elle participa ainsi aux trois combats de Grandreng (13, 22 et 23 mai), à celui du camp de la Tombe (26 mai) et à la bataille du 3 juin.

Le mouvement de l'aile droite de l'armée du Nord sur la Sambre devint général le 23 mai. A 2 heures du matin, le 26, la brigade Gaudin recevait l'ordre de monter à cheval sur-le-champ et de partir avec armes et bagages, par La Capelle et Avesnes, pour Maubeuge, qu'elle devait atteindre le jour même et où le général Dubois devait la rallier, selon les ordres qu'il avait reçus [1].

La jonction des trois armées s'opéra définitivement le 3 juin 1794 au soir, au moment où l'armée des Ardennes était ramenée en désordre par le prince d'Orange. Les troupes françaises occupent alors des positions derrière la Sambre, du Chatelet et Pontle-Loup à Montigny-le-Teigneux. Le gros de l'armée était au camp de la Tombe, face à Charleroi.

Jourdan reçut le commandement en chef de toutes les troupes françaises qui, par arrêté du 29 juin 1794, prirent la dénomination d'armée de Sambre-et-Meuse.

Ces troupes se composaient de 10 divisions : 4 de l'armée de la Moselle, Lefebvre, Hatry, Morlot et Championnet; 2 de l'armée des Ardennes, Marceau et Mayer; 4 de l'armée du Nord, Kleber, Montaigu, Muller et Dubois (cavalerie) [2].

---

[1] *Livre d'ordres de la division Dubois.*

[2] *Armée de Sambre-et-Meuse, an II de la République. — Récit des opérations des armées du Nord, des Ardennes et de Sambre-et-Meuse du 16 floréal an II au 18 ventôse an III (5 mai 1794, 18 mars 1795.)*

ARMÉE DE SAMBRE-ET-MEUSE.

Jourdan réorganisa son armée, et, ainsi qu'on l'a vu, à chacune des divisions Kleber et Muller furent attachées une brigade de cavalerie et une compagnie d'artillerie légère ; le général Scherer reçut 3 régiments [1]. Dès lors, les brigades d'Hautpoul et Soland, laissées au général Dubois, forment une « division distincte des autres, corps de réserve de 5 régiments de cavalerie et de 2 compagnies d'artillerie légère [2] », destinée à se porter partout où besoin serait.

L'organisation est du 9 juin 1794. Le lendemain, le quartier général de la division de cavalerie était à Ham-sur-Heure, entre Thuin et Malines.

La brigade d'Hautpoul avait ses régiments :

  Le 12ᵉ dragons à Ham-sur-Heure ;

  Le 2ᵉ hussards à Marbais ;

  Le 6ᵉ chasseurs à Gonsée.

Le quartier général de la brigade était à Faut.

Le quartier général de Soland se trouvait à Reumont ; le 6ᵉ cavalerie à Marbisieul ; le 8ᵉ à Bienne-sur-Thuin.

Le 12 juin, à 3 heures du matin, le passage de la Sambre s'effectua : la brigade d'Hautpoul (6ᵉ chasseurs et 12ᵉ dragons) avec la division Morlot à Montigny-le-Teigneux ; la brigade Soland (6ᵉ et 8ᵉ cavalerie), avec la division Championnet à Mons-sur-Marchiennes ; la brigade Boyer (10ᵉ hussards et 12ᵉ chasseurs), avec la division Kleber à la ferme de Baudribut ; la brigade Boissier (7ᵉ dragons et 16ᵉ chasseurs) et le 2ᵉ hussards détaché de la brigade d'Hautpoul, avec la division Muller, en avant de Baudribut [3].

Le 14 juin, les Autrichiens attaquèrent la droite française sur Saint-Eloy. Prévenus, les généraux Dubois et d'Hautpoul se portèrent sur tous les points pour observer les mouvements de

---

[1] Ordres du général Dubois du 9 juin 1794.
[2] Dubois au général Ferrand, 11 juin 1794.
[3] Ordres du général Dubois du 11 juin, 7 heures 1/2 du soir.

l'ennemi. L'attaque n'avait pas eu d'importance, et les troupes stationnées à Meigneloup, où se trouvait la cavalerie, n'avaient rien à craindre.

Cependant, dans l'attente d'une attaque et pour ne point être surpris, la cavalerie monta à cheval dans la nuit du 14 au 15 juin, à 1 heure 1/2 du matin. Dubois aurait voulu faire couper le pont de Meigneloup ; mais tous les ouvriers se trouvaient en réquisition, et le pont était en pierres de taille. Il le fit donc occuper par une compagnie de grenadiers soutenue par un piquet de dragons. L'ennemi pouvant placer ses pièces d'artillerie dans les terres à droite du pont, tous les points étaient gardés par des vedettes et des petits postes d'infanterie et de cavalerie. Enfin, le général avait pris toutes dispositions pour se mettre à l'abri d'une surprise.

Sur les 4 heures 1/2 du matin, on entendit quelques coups de canon et une fusillade sur la droite. Dubois envoya de suite un officier en reconnaissance et demanda au général Morlot de le prévenir de tout ce qui pourrait se passer de son côté, comme lui préviendrait Morlot pour agir de concert [1].

Ces mouvements de l'armée ennemie, ces coups de canon n'étaient que les préparatifs d'une attaque. Elle eut lieu le lendemain, 16 juin. C'est la première bataille de Fleurus.

Le brouillard était si épais que l'on ne voyait pas un homme à dix pas lorsque l'on prit les armes à 2 heures du matin et que l'armée fut portée en avant, parce qu'il était su de la veille que l'ennemi engagerait bataille.

Les Autrichiens attaquèrent sur quatre colonnes. Ils contraignirent l'avant-garde à la retraite et à lever le blocus de Charleroi. La division de droite, Marceau, assaillie avec vigueur, fut rejetée sur la Sambre précipitamment ; la division de gauche, Morlot, dut également abandonner Gosselies dont l'infanterie ennemie s'était emparé et où elle avait placé beaucoup d'artillerie, laquelle faisait un feu très vif.

Le général Dubois se trouvait bloqué à Meigneloup, au centre de ces deux divisions, avec deux régiments : le 6e chasseurs et le 10e cavalerie et plusieurs pièces de grosse artillerie. Jourdan vint

---

[1] Dubois à Jourdan et à Morlot, 15 juin 1794.

lui-même avertir le général Dubois de la position dans laquelle le mettait la défaite des autres troupes et lui prescrire la retraite.

Comme le général prenait ses dispositions pour l'évacuation de l'artillerie, deux fortes colonnes de cavalerie et trois bataillons d'infanterie, environ 10,000 hommes, traînant avec eux 12 pièces de 7 chargées à mitraille, s'élancèrent sur lui. Se voyant près d'être enveloppé, il rassembla les 800 cavaliers que donnaient les deux régiments dont il disposait. « Voilà le bon moment de déployer le courage des républicains ; il faut charger les esclaves », dit-il, et il fit sonner la charge.

Chasseurs et cavaliers, auxquels se joignit l'artillerie du capitaine Prault, fondirent avec impétuosité sur les escadrons et les bataillons autrichiens, sabrant durant une demi-heure. Les Autrichiens furent mis en pleine déroute, et l'artillerie légère reprit ses pièces que le brouillard lui avait fait enlever. L'ennemi perdit 500 hommes tués, 200 prisonniers et 6 canons[1]. Le général excitait par son exemple l'ardeur de ses troupes qui n'eurent qu'un blessé ; il combattit comme un sous-lieutenant et tua trois Autrichiens, dont un officier supérieur.

Les troupes impériales avaient définitivement lâché pied. Dubois prit avec lui le 10e cavalerie, laissant à d'Hautpoul le 12e dragons, le 14e et le 6e chasseurs, ainsi qu'une compagnie légère pour former une arrière-garde et faciliter la retraite.

Le 10e régiment de cavalerie avec Dubois remplit avec succès la mission qui lui était confiée. Coupé par sa droite par une colonne ennemie, il se retira devant elle avec une contenance telle qu'elle n'osa pas l'attaquer. L'artillerie française fut sauvée, et, protégée, la division Marceau eut le temps de se retirer et de passer la Sambre. Quant à d'Hautpoul, il se laissa entamer. La brigade fut mise en pleine déroute et elle perdit 5 canons de son artillerie[2].

En terminant ses rapports sur cette affaire, le général Dubois

---

[1] Ce sont les chiffres du général Dubois. Le *Récit des opérations des armées du Nord, des Ardennes et de Sambre-et-Meuse* (mai 1794-18 mars 1795) donne 800 tués, 500 prisonniers et 7 canons.

[2] Rapports au général Jourdan, au général Ferrand et aux représentants Saint-Just et Gillet, 17 juin 1794 ; Dubois au conventionnel Jean Debry, 22 juin ; rapports au Représentant du peuple et au chef de l'état-major, 25 juin.

préconisait l'emploi de la cavalerie par masses pour faire aux Autrichiens la guerre qu'ils faisaient et opposer à leurs escadrons et à leurs batteries des escadrons et des batteries. A Jourdan, Alexis Dubois l'avait dit sur le champ de bataille de Fleurus; il le lui redit encore dans son rapport, ajoutant : « Je puis t'assurer que si tu avais porté un fort corps de cavalerie sur la droite, nous serions parvenus aisément à tourner le village de Meigneloup. » Le succès de la bataille aurait pu dépendre de ce mouvement; mais Jourdan ne connaissait pas Dubois et n'avait, partant, pas confiance en lui.

Malgré le succès qu'il avait remporté à Fleurus, le prince d'Orange rentra à son quartier général de Nivelles. Jourdan profita de l'erreur du général en chef ennemi, et le 17, dans la journée, selon ses instructions, le général Dubois expédiait à ses brigadiers l'ordre de se trouver le lendemain à 3 heures du matin à la tête de leurs régiments pour couvrir le passage de Sambre.

La brigade Soland opéra avec Championnet à Châtelet; la brigade d'Hautpoul, avec Morlot, à Montigny-le-Teigneux. Le général Dubois marcha avec cette seconde brigade. Le passage fut effectué sans encombre; il décida du sort de la campagne.

Le 20 juin, la division de cavalerie réunie occupa Gosselies. Le lendemain, elle était jointe à la division Championnet aux Quatre-Bras.

Ce même jour, le prince d'Orange s'avança jusqu'à la position de La Chapelle-de-Herlaymont. Kleber vint l'y attaquer et, après une résistance assez vive, le contraignit à la retraite. Dubois contribua puissamment au succès de cette affaire. Il fit avec intelligence plusieurs charges de cavalerie, chassant sur 5 lieues de terrain l'ennemi qui porta l'alerte jusqu'à Bruxelles. Il s'empara à Genappes de 16 tonneaux de riz et de farine.

Du 22 au 25 juin, les généraux autrichiens donnèrent du repos à leurs troupes, et l'armée française continua le siège de Charleroi. Dans une reconnaissance poussée le 23 au delà de Genappes par Dubois et Championnet, on ramena beaucoup de chevaux.

Dans la journée du 25, le général Dubois avertit Jourdan que ses patrouilles faisaient connaître que l'ennemi était en bataille au moulin de Franc, avec de la cavalerie et de l'infanterie, et que son intention paraissait être d'attaquer à la pointe du jour, le 26.

Eu même temps, le général prenait ses dispositions pour recevoir l'ennemi. Le matin, il avait prescrit de visiter la ferrure des chevaux. A 7 heures et demie du soir, il donne l'ordre de monter de suite à cheval et de bivouaquer sur-le-champ, dans la plaine, la moitié du corps en selle pendant que l'autre faisait manger ses chevaux; garder le plus grand silence; défense expresse à quiconque de quitter les rangs. Un chef de brigade fut chargé de faire des rondes d'heure en heure, de dix heures du soir à 4 heures du matin, avec mission de pousser ses patrouilles assez en avant pour connaître les mouvements de l'ennemi. Les généraux de brigade bivouaquèrent avec leurs troupes, de façon à se porter immédiatement sur les points que désignerait le général en chef.

Dans la journée, quelques coups de canon furent échangés, mais sans résultat. La seconde bataille de Fleurus s'engageait de même que la première : canonnade insignifiante la veille comme pour avertir l'armée française; attaque générale le lendemain. Mais, cette fois, Charleroi venait de capituler.

Les troupes de Jourdan occupaient presque les mêmes positions que dans la journée du 16 juin. Répandue en croissant autour de Charleroi, l'armée s'appuyait sur la Sambre par ses deux ailes; la droite vers Lambusart et les bois de Copiau, la gauche vers Landely. Le centre s'avançait jusqu'à Gosselies. La division Marceau s'étendait à Velaine et Wansersée; celle de Lefebvre, un peu en arrière et sur la gauche de Fleurus; Championnet, au delà d'Herpignies; Morlot, en avant de Gosselies; Kleber, en avant du moulin de Jumet et du village de Courcelle; Montaigu, à Trazegnies. Hatry était porté en réserve à Ransart. Enfin, la cavalerie du général Dubois était répartie entre Ransart et Wagnée et près du bois de Lombue.

L'armée austro-anglaise, 60,000 hommes dont 18,000 cavaliers, était divisée en cinq corps ayant pour objectifs Trazegnies, Gosselies, Herpignies, Fleurus et Lambusart.

La bataille commença à 4 heures du matin. La réserve de cavalerie opérait avec le centre. Cette colonne se battait sans perdre un pouce de terrain, lorsque Jourdan, voyant l'ennemi diriger ses forces sur la droite, donna l'ordre à Dubois de se porter de ce côté.

Arrivée dans la plaine de Fleurus, la cavalerie française trouva un nombre imposant d'escadrons autrichiens rangés en bataille. Elle se déploya ; mais l'ennemi, apercevant ce mouvement, fit feu de toutes ses batteries. Plus de 50 bouches à feu vomissaient la mort dans les rangs français ; le combat était d'une rare opiniâtreté ! Déjà, la division Championnet effectuait sa retraite, laissant le général Dubois, qu'il avait appelé à lui pour protéger son artillerie, seul dans la plaine avec trois régiments de cavalerie pour soutenir l'orage.

Jourdan accourut sur le terrain ; pour permettre d'arrêter et de réparer le désordre de l'infanterie, il ordonna de charger. Ses ordres furent promptement exécutés. L'ennemi commençait à être mis en déroute, lorsqu'une réserve, établie derrière un ravin, arrêta la cavalerie française. Deux régiments firent volte-face, abandonnant le terrain et leurs généraux. Heureusement survint un troisième régiment qui les tira du danger. Le général Dubois était enveloppé par un peloton ennemi ; pendant un moment même, trois cavaliers autrichiens le tenaient au collet.

Il parvint à se dégager et, voyant que le sort de la bataille était compromis s'il se retirait, Dubois prit avec lui aussitôt trois trompettes. Partout il alla faire sonner le ralliement. Quoique avec peine, il parvint à reformer les escadrons, puis, marchant à l'ennemi avec plusieurs pièces d'artillerie, il le força à la retraite et le poursuivit pendant plus d'une lieue.

Là, la cavalerie demeura en bataille, aidant à rallier l'infanterie et facilitant l'artillerie à prendre ses positions. Elle ne quitta le champ de bataille qu'à 10 heures du soir, maîtresse absolue du terrain, ayant largement contribué au succès de la journée. A 11 heures, elle reprenait ses positions de la matinée ; généraux et cavaliers étaient à cheval depuis 3 heures du matin : 20 heures sans boire ni manger [1].

Après quelques jours de repos, l'armée française poursuivit l'ennemi en retraite. La cavalerie se mit en marche le 1er juillet à 3 heures du matin ; le général Boyer avec le 14e hussards et le 12e chasseurs, le général Boissier avec les 7e et 17e cavalerie ; d'Hautpoul avec les 2e hussards, 6e et 16e chasseurs, 12e dragons,

---

[1] Dubois à Ferrand, 26 (ou plutôt 27) juin 1794.

24e et 25e cavalerie. D'Hautpoul était en avant de Binche, appuyant sa droite à la gauche de Boissier. La cavalerie se dirigea sur Estinomont et Velleville-le-Sec, pour se placer entre les deux routes de Chimay et de Mons et se réunir à la colonne de droite.

Une tentative sur Mons, combinée entre la division Lefebvre et les troupes de Kleber[1], eut lieu ce jour, 1er juillet. Le premier devait se mettre en marche à 3 heures du matin, mais la fatigue et du retard dans les distributions empêchèrent de partir avant 7 heures et demie. Ensuite, un guide ignorant égara la division Lefebvre, si bien qu'elle dut rétrograder, et ce ne fut que sur les 2 heures de l'après-midi qu'elle apparut sur les hauteurs de Marimont.

Depuis 4 heures du matin, Kleber attendait. L'ennemi en force sur les hauteurs de Reux, voyant Lefebvre encore éloigné, se porta au-devant de la division Duhesme, soutenue par deux régiments de cavalerie aux ordres de Dubois. Les batteries autrichiennes ouvrirent un feu très vif, mais le général Dubois, le bravant, avança avec sa cavalerie et la mit en bataille.

Cette contenance et les dispositions prises ensuite par Duhesme et Bernadotte déterminèrent les Autrichiens à abandonner leurs hauteurs et à céder la champ de bataille; ils furent forcés de toutes parts; les troupes françaises entraient, à Mons à 8 heures et demie du soir, et y recueillirent des vivres et du fourrage[2].

Le 4 juillet, reconnaissances sur toutes les positions ennemies.

Le 5, — ce jour-là Dubois était informé que l'armée portait la dénomination de *Sambre-et-Meuse*, et que les anciennes divisions du Nord ne relevaient plus du général Ferrand, — la cavalerie était réunie selon les ordres du général Jourdan.

Toute l'armée se mit en mouvement : Hatry et Mayer sur Sombref; Championnet sur Marbais; Lefebvre sur Braine-le-Comte; Morlot et Dubois sur Genappes.

Après avoir repoussé les Coalisés, Morlot s'arrêta aux Quatre-Bras; mais, exécutant les instructions particulières qu'il avait reçues, le général Dubois, à la tête de sa cavalerie, continua sa

---

[1] Jourdan avait donné, le 29 juin, à Kleber le commandement des trois divisions d'infanterie de l'armée du Nord formant la gauche de l'armée combinée.

[2] Récit des opérations. . . du 5 mai 1794 au 18 mars 1795.

route, se dirigeant sur Nivelles. Il passa la forêt d'Havré, dont il chassa l'ennemi avec la 34e division de gendarmerie, assistée d'un bataillon de grenadiers aux ordres du général Duhesme. Le 6 juillet, il aperçut l'ennemi sur les hauteurs de Thines.

Il disposa ses troupes et se mit en mesure d'attaquer. Après avoir fait reconnaître les chemins, le général parvint à tourner l'ennemi par Beaulers. Il s'empara de la forêt d'Hougoumont par la gauche, ainsi que des hauteurs adjacentes, d'où, avec son artillerie, il commença le feu et força une nouvelle cavalerie à battre en retraite par Lillois et à abandonner ses redoutes.

Les Autrichiens se rejetèrent en arrière, rassemblant leurs forces, surtout en cavalerie et en artillerie, sur Braine-la-Leud, et chargèrent en masse. Les escadrons français durent se replier, perdant un canon et deux caissons de la 24e compagnie d'artillerie légère.

Cette compagnie chargea avec intrépidité, reprit pièce et caissons [1]. Aussitôt, Dubois rallia son monde, s'élança avec impétuosité, enfonça et mit en déroute tout ce qu'il avait devant lui. La cavalerie ennemie entière, après des pertes sensibles [2], disparut, se reportant derrière un ravin, afin de se mettre à l'abri de l'artillerie française.

La division Lefebvre n'avançait pas. Inquiet sur le sort de ses troupes et craignant d'être tourné sur la gauche, le général Dubois prit avec lui son chef d'état-major, l'adjudant général Radet, pour aller reconnaître la position de Lefebvre, et voir ce qui pouvait arrêter le général dans sa marche.

C'était une batterie redoutable comme nombre et comme pièces, qui faisait feu de toutes parts ; une forte colonne d'infanterie soutenait l'artillerie. Dubois fit alors amener huit pièces de 4, qu'il mit en batterie, de façon à prendre de flanc les redoutes et l'infanterie autrichiennes. Le terrain préparé par le feu de ses pièces, il ordonna la charge. Lefebvre se trouva dégagé, les redoutes ennemies furent enlevées, et les deux divisions firent

---

[1] Le canonnier Naudin, voyant un caisson au pouvoir des Autrichiens, fondit sur eux, tua celui qui tenait le premier cheval et mit l'autre en fuite.

[2] Parmi les tués figurent le prince de Hesse-Philipstadt, colonel d'un régiment de dragons, et deux autres officiers de marque.

leur jonction. Elles combinèrent leur mouvement, marchèrent ensemble, et l'ennemi dut battre en retraite [1].

Pendant la nuit, une partie de la cavalerie ennemie se retira sur Bruxelles avec la grosse artillerie. A la pointe du jour, le 7 juillet, la division française poussa des reconnaissances qui lui apprirent que les Autrichiens n'avaient laissé derrière Mont-Saint-Jean que des détachements de troupes à cheval, de l'artillerie légère et de l'infanterie pour protéger la retraite, laquelle fut effectuée dans la nuit du 7 au 8.

A 3 heures du matin, le général Dubois aperçut ce mouvement de retraite. Il se mit à la poursuite du corps ennemi, le refoula jusqu'à Saint-Lambert, où il le mit en déroute, fit quelques prisonniers et ramassa plus de 200 déserteurs. Dans leur terreur, les Autrichiens avaient abandonné leurs canons, mais le général avait devant lui un bois et il était sans infanterie. Ne voulant pas compromettre sa troupe, il reprit sa position [2].

Après cette affaire, le 8 juillet, à 9 heures du matin, Dubois donna l'ordre aux généraux de rassembler leurs brigades et leur artillerie légère pour être prêts à partir à 10 heures, selon des ordres qui venaient de parvenir du général en chef.

Toute la journée des patrouilles furent faites pour éclairer la marche de l'ennemi en retraite. Plusieurs allèrent jusqu'à une demi-lieue de Bruxelles, et apprirent qu'une faible arrière-garde restait seulement dans cette ville. La marche des Autrichiens était déterminée sur Namur et Louvain. Les routes se couvraient de déserteurs ennemis. En terminant son rapport, le général Dubois déclarait à Jourdan qu'il pourrait, s'il le voulait, occuper Bruxelles le lendemain.

Il rendit compte également à Saint-Just et de son combat du 8 et des renseignements qu'il avait obtenus sur la marche des Autrichiens. Maintenant toujours ce principe qu'il soutenait déjà à l'armée du Rhin, qu'il avait demandé d'employer à l'armée du Nord, d'agir par masses au lieu de petits paquets, le général Dubois déclarait aux Représentants qu'il regardait comme très

---

[1] Rapport de Dubois aux Représentants du peuple, 10 juillet 1794. — *Récit*, etc.

[2] Rapport au général en chef et aux Représentants du peuple; ordre du 6 au 7 juillet.

essentiel aux intérêts de la République la réunion des deux armées du Nord et de Sambre-et-Meuse. Cette jonction se fit deux jours plus tard.

Le 10 juillet, à deux heures du matin, l'ennemi quitta Wavre, pour se diriger sur Namur et Tirlemont.

La cavalerie venait de rendre des services signalés ; elle avait grandement concouru à la victoire de Fleurus ; elle avait assuré le succès du combat du 6 juillet en sauvant la division Lefebvre. Par les reconnaissances, le service d'exploration, le général en chef était tenu à toute heure au courant des mouvements et des intentions de l'ennemi ; par les soins pris pour éviter toute surprise, il pouvait reposer tranquille. Cependant, le général Jourdan ne parait pas s'être rendu compte des avantages qu'il pouvait retirer du bon emploi des troupes à cheval. Il ne voyait que le coup de main à recevoir à un moment donné, au lieu de l'aide constante à apporter dans les opérations.

Déjà, après la première bataille de Fleurus, le général Alexis Dubois avait préconisé l'usage des masses de cavalerie pour employer la même tactique que l'adversaire.

Après la bataille du 26 juin et les combats qui amenèrent l'entrée de l'armée française à Bruxelles, il écrivait cette lettre navrante au sujet du triste état dans lequel on laissait ses troupes [1] :

« Je ne puis m'empêcher, mon cher Général, de te peindre la position où je me trouve depuis quelques jours : sans administration et sans commissaires [2], obligé de chercher des subsistances dans les divisions qui m'avoisinent. Tantôt j'y trouve du pain, tantôt point ; de même pour le fourrage. S'il y avait un commissaire, au moins il s'occuperait de cette besogne et l'on éviterait par là une infinité de plaintes que l'on me porte. Les dragons et cavaliers, sous prétexte d'aller au fourrage, s'amusent à piller. J'ai reçu considérablement de plaintes dans la journée ; aussi, pour arrêter ce désordre, j'ai fait monter à cheval plusieurs régiments. On a beaucoup murmuré ; mais je n'en ai pas

---

[1] A Jourdan, 8 juillet 1794.

[2] Le commissaire des guerres attaché à la division de cavalerie, Garnot, lui avait été précisément retiré lors de la marche en avant.

montré moins de fermeté. Je t'en prie, au nom de la Patrie, donne-moi une administration, si tu veux conserver cette division de cavalerie; car sans cela ce ne serait plus qu'une troupe indisciplinée, dont je ne serais plus le maître, et il serait bien malheureux pour moi, qui ai toujours servi avec honneur et distinction, de me voir, après vingt-six ans de service, déshonoré... »

Cette cavalerie, sans administration, sans vivres, était en marche depuis quatre jours, et chaque journée avait été marquée par un combat. En écrivant à Jourdan le 8 juillet, Dubois avait demandé au général en chef une réponse immédiate. Le lendemain, 9 juillet, il porta ses plaintes auprès des représentants du peuple Gillet et Guiton, et les renouvela à Jourdan.

Il écrivait aux premiers :

« Citoyens Représentants, depuis longtemps je supporte avec patience l'embarras et les peines que me donne la division de cavalerie que l'on m'a confiée. Jusqu'à ce jour j'ai cherché à calmer tous les esprits; ne pouvant y parvenir, c'est à vous que je m'adresse pour y faire droit.

« Le général en chef m'a donné le commandement d'une division de cavalerie, qu'il appelle et surnomme un corps de réserve. Il n'en est pas moins vrai que, depuis qu'elle existe, elle est toujours placée aux avant-postes. Ce n'est pas de quoi elle se plaint, mais elle se voit abandonnée, sans administration et sans commissaire, souvent éloignée des autres divisions de deux à trois lieues, obligée de se diviser en présence de l'ennemi pour aller chercher des subsistances. Souvent elle en trouve, et très souvent elle n'en trouve pas. Quant aux fourrages, n'ayant pas de commissaire, elle est obligée de s'en procurer comme elle le peut. Les hommes se détachent à droite et à gauche, pillent en même temps ce qu'ils trouvent. Cela entraîne à un désordre qui me fait frémir et qui conduirait cette troupe à une insubordination cruelle. Malgré toutes les précautions que je prends, je suis sans cesse accablé de plaintes, tant de la part des citoyens que des soldats, qui murmurent avec raison d'être obligés de faire quatre à cinq lieues pour aller chercher leur pain et leur viande.

« Il est donc nécessaire et urgent de donner à cette division une administration et un commissaire dans le plus court délai. Si cela n'est pas possible, je vous engage à convenir avec le général en chef de mettre cette cavalerie dans les divisions d'infanterie où elle assurée de trouver les subsistances. Vous éviterez par là des plaintes et du désordre.

« Quant à moi, qui n'ai d'autre ambition que de servir ma patrie et de bien mériter d'elle, quoiqu'il y ait un an que je sers comme général de division, je servirais avec plaisir comme général de brigade, n'importe dans quelle division où l'on voudra m'attacher. Au moins j'aurais la satisfaction de ne pas me voir oublié, ainsi que les hommes que je commande. J'ajouterai que je vois avec peine qu'on ne fait pas assez de cas dans cette armée de la cavalerie, quoiqu'on l'emploie tous les jours. »

Au général en chef :

« Citoyen général, je t'ai fait part hier de ma triste position ; sans administration, sans commissaire, les régiments sont obligés d'aller chercher leur pain et leur viande à deux ou trois lieues. Occupant les avant-postes de ton armée, tu dois sentir que cette désorganisation est préjudiciable au bien du service. Faute de commissaire pour faire les fourrages en règle, les hommes se jettent à droite et à gauche pour chercher du fourrage ; ils pillent en même temps et commettent toutes sortes d'horreurs chez les citoyens, de sorte que je me vois accablé, du matin au soir, de plaintes de leur part, ainsi que de celles de plusieurs pères de famille qui se trouvent ruinés. J'ai fait tout ce qui a dépendu de moi jusqu'à ce jour pour arrêter ce désordre. J'ai sollicité une administration ; je n'ai pu l'obtenir. Je ne vois d'autre parti à prendre que de te proposer de remettre cette cavalerie dans les divisions d'infanterie ; car c'est là où l'on trouve les subsistances que la loi accorde aux soldats. Je n'ai point d'autre ambition que de bien servir ma patrie. Tu peux me mettre sous les ordres de qui tu jugeras à propos. Je préfère être subordonné que de me voir déshonoré, et j'ose dire oublié. J'ai vu jusqu'à ce jour avec peine que l'on se sert de la division de cavalerie que je commande comme d'une troupe qui n'a point d'organisation et dont on ne fait pas beaucoup de cas. Cependant, jusqu'à ce jour, c'est cette même division qui a eu l'avantage de repousser plusieurs fois l'ennemi et de s'emparer de ses postes.

« Je compte donc sur ta justice à me donner une administration pour éviter le désordre, ou bien à répandre cette division dans d'autres d'infanterie ; car, pour moi, je ne puis plus rester dans la même position. J'aime la discipline et l'ordre, et, sans les précautions que je te demande, il est impossible qu'elle existe. Malgré qu'il y ait un an que je sers comme général de division, tu peux m'employer pour ce que tu voudras. Pourvu que j'y trouve l'ordre, m'importe fort peu le grade. »

Le général Dubois avait été hautement apprécié à l'armée du Rhin par Pichegru, par Hoche à l'armée de la Moselle, par Ferrand aux divisions du Nord. Il n'était pas et ne fut jamais sympathique à Jourdan. Cette antipathie est-elle cause de l'abandon dans lequel la réserve de cavalerie était laissée ?

On ne saurait le dire. Un commissaire de guerre fut donné à la division, mais la situation ne s'améliora point.

Le 9 juillet, dans la lettre au général en chef qui vient d'être citée, le général Dubois disait en post-scriptum : « S'il faut rester quelques jours dans l'inaction, je te prie de nous changer de position, car nous n'avons pas d'eau pour faire boire les chevaux, et la troupe est bivouaquée au milieu de la plaine. Cela fait un tort considérable aux chevaux. »

En rendant compte des mouvements de la division, le 23 juillet, au général Ernouf, chef d'état-major général, il écrivait encore : « Je dois t'observer qu'on murmure beaucoup depuis quatre jours dans ma division. Le pain que l'administration y envoie n'est pas mangeable. Le 12e régiment de dragons l'a refusé quatre fois, et depuis quatre jours je vois avec peine que ces républicains n'ont pas mangé de pain... Tu sens comme moi, mon camarade, que, pour exiger l'ordre et la discipline, il faut donner au soldat en bonne nature ce qui lui revient. C'est le seul moyen d'arrêter le pillage...

« Ma position est aussi très critique pour les chevaux. Maintenant que l'ennemi fuit devant nous, on me met en réserve, de sorte que je ne trouve point de fourrages dans les positions qu'on me fait occuper. Si, cependant, il y avait un coup de main à donner, j'espère qu'on se servirait de ma troupe, mais on ne calcule pas si les chevaux auront la force de marcher.

« Dis au général en chef que, malgré les services que ma division a rendus, il n'y a aucun égard. Nous sommes maintenant dans un pays de plaines, et c'est la cavalerie qui doit être en avant. Si l'on juge qu'elle reste en réserve, au moins qu'on s'occupe de la nourrir. »

L'administration de l'armée était incapable. Un commissaire des guerres fut enfin attaché à la réserve de la cavalerie, le 25 juillet, ainsi qu'un garde-magasin, un aide, six ouvriers et un commis à la distribution du pain.

Le lendemain, rien n'était arrivé, ni personnel ni denrées. Quinze voitures de fourrage avaient été promises la veille ; aucune n'était parvenue. La division comprenait trois mille chevaux, et, le 25 juillet, elle n'avait pas une botte de foin. Elle se trouvait au centre des divisions, qui avaient chacune de la cavalerie, et dans les environs tout était requis ou enlevé.

Le commissaire ordonnateur en chef de l'armée, Vaillant, — « phraseur et non ordonnateur » qui donnait bien des ordres, mais ne s'occupait pas de leur exécution, — avait promis des subsistances le 24 juillet, d'après l'ordre que lui avait donné le général en chef. Sur les réclamations du général Dubois qui lui envoyait un officier et une escorte pour ramener les voitures, il avait encore promis le 25. Le 26, ni le personnel ni les douze voitures qui devaient suivre la division ne l'avaient rejointe. Dubois se plaignit alors à Jourdan : il n'avait rien à donner à manger à ses chevaux, presque rien à leur faire boire.

Des vivres et des ordres de réquisition parvinrent enfin ; mais le pain reçu le 1er août était moisi ; on ne pouvait plus se procurer de fourrages, ni en sec ni en vert. Le lendemain, 2 août, le général Dubois se plaignait à Vaillant que les chevaux n'avaient plus d'avoine depuis plusieurs jours. Il suppliait qu'à défaut d'avoine on donnât du foin.

Cette avoine, le commissaire ordonnateur en chef avait prescrit de la prendre à Tirlémont ; mais il n'y en avait point dans cette ville. Sur l'observation qu'on lui en fit, au retour de la course inutile, il ordonna de s'en procurer à Tongres. A Tongres, également, on n'en trouva pas. Enfin, la réserve de cavalerie étant placée au centre des autres divisions de l'armée, quand son général faisait une réquisition, on la lui enlevait.

Aussi lassé, écœuré, le général Dubois, dans une lettre du 3 août, menaça de donner sa démission au Représentant du peuple, si la situation ne changeait pas. En même temps que des vivres, il réclamait l'ambulance dont il était privé depuis l'ouverture de la campagne.

Cette menace ne produisit aucun effet ; elle fut exécutée, mais la situation demeura la même, toujours aussi navrante. Les commissaires des guerres n'avaient à la bouche qu'amour de la République, dévouement à la Patrie, désintéressement civique. Mais des vivres point. Alors que le capitaine Robbe, de la 15e compagnie d'artillerie légère, qui avait eu son cheval tué sous lui le 17 septembre, ne pouvait se remonter, le commissaire des guerres de la division de cavalerie avait trois chevaux[1]. Cependant, de nombreuses circulaires ministérielles prescrivaient que les commissaires des guerres ne devaient pas être montés.

Le 3 août, la division de cavalerie était sans fourrage et sans avoine ; le 16, pas une botte de foin n'était encore parvenue dans la matinée. Dans la journée enfin arrivèrent 6,000 rations d'avoine et 2,000 de foin ; la division comptait 3,500 chevaux ; mais le 24 août, les chevaux n'avaient pas d'avoine depuis cinq jours et ils étaient réduits à 10 ou 12 livres de foin.

Dans son *Récit des opérations des armées du Nord, des Ardennes et de Sambre-et-Meuse, du 5 mai 1794 au 18 mars 1795*, le général Duhesme raconte que le 7 août le foin manquait à la cavalerie. En conséquence, le représentant du peuple Gillet prescrivit que le préposé en chef des vivres, celui des fourrages et le commissaire ordonnateur en chef, le bavard et incapable Vaillant, seraient traduits au tribunal révolutionnaire si le service n'était point, dans les vingt-quatre heures, convenablement assuré. Émus comme on le conçoit, ces administrateurs se rendirent auprès du représentant du peuple qui se contenta de leur répondre : « Que l'armée soit approvisionnée, ou que vous cessiez de vivre. »

Cependant, tout continua à manquer. Ainsi, le 22 août, à 2 heures du matin, on monta à cheval. Il n'y avait pas une botte de foin à distribuer, et la veille plusieurs régiments n'en avaient point eu.

Le 5 septembre, dit encore le général Duhesme, la pénurie de fourrages était extrême. Depuis cinq jours l'avoine manquait. Les chevaux étaient si maigres et si exténués que le représentant du peuple Gillet ayant mené sur les lieux pour le convaincre l'imperturbable commissaire ordonnateur en chef qui soutenait le contraire, ils virent rentrer une découverte dont 7 chevaux

---

[1] Dubois au représentant Gillet, 18 septembre 1794.

étaient restés en route. Aussi, le Représentant du peuple autorisa t-il les généraux à faire eux-mêmes des réquisitions.

Il n'y avait pas une botte de foin à donner, et la veille plusieurs régiments n'en avaient point eu. Le 15 septembre, depuis cinq jours le foin était promis, et il n'était point arrivé. Ce jour-là et le lendemain 16, on n'eut à distribuer que de l'avoine; pour le 17, il ne restait absolument rien. Sans pain et sans fourrage depuis trois jours le 27 septembre, les hommes tombaient de faiblesse; le général n'osait pas se montrer à sa division sans apporter du pain, et il offrit sa démission pour servir comme soldat si on ne lui envoyait pas immédiatement des secours.

Voilà quel était l'état de la division de cavalerie sous le rapport des subsistances. Ce qui serait risible si la situation n'avait pas été navrante, on se plaignait que le général Dubois était un accapareur, et lorsque le commissaire des guerres de la division ou ses employés se présentaient, ils étaient menacés d'être livrés au tribunal révolutionnaire.

Championnet même alla jusqu'à se plaindre que Dubois mettait des plantons partout pour avoir des fourrages. Alors que sa cavalerie manquait de tout, les autres divisions regorgeaient. Ainsi le jour même (30 septembre 1794) où Championnet dénonçait l'accaparement du général Dubois, celui-ci avait constaté que le parc de son collègue contenait plus de 200 sacs d'avoine.

Jalousie entre les généraux; incapacité de la haute administration, qui favorisait les uns aux dépens des autres; rivalité entre les commissaires des guerres des diverses divisions.

Reprenons la suite des événements militaires, car sans fourrages, sans avoine, sans eau, la cavalerie de l'armée de Sambre-et-Meuse marchait et explorait.

Le 11 juillet, Bruxelles et ses environs avaient été occupés par les armées du Nord et de Sambre-et-Meuse qui venaient de faire leur jonction pour un jour.

A 3 heures du matin, le 12 juillet, la division Dubois montait à cheval; dans la nuit du 12 au 13, la brigade d'Hautpoul poussait de fortes et fréquentes patrouilles du côté de Louvain; la brigade Soland, du côté de Tirlemont. Le 13 et le 14 juillet, nouvelles reconnaissances vers Florival, Gray et Bossu, pour empêcher l'incendie de fermes menacées par l'ennemi.

Enfin, le 14 juillet, à 11 heures du soir, ordre était expédié de se tenir à cheval à 2 heures du matin, avec armes et bagages, postes relevés, pour partir à 3 heures. La division était à Wavre. Kleber s'avança sur Louvain; Dubois, Lefebvre, Morlot et Championnet marchèrent en avant de la Dyle.

On aborda l'ennemi dans la matinée. Pendant que Kleber enlevait la montagne de Fer, en avant de Louvain, Lefebvre et Dubois s'emparèrent de l'abbaye de Florival, repoussant les Coalisés jusqu'à Tirlemont. Ces deux avantages rendaient libres les approches de Louvain qui fut enlevé après un vif combat.

Les Autrichiens se replièrent sur Tirlemont et Nerwinde, leur cavalerie et leur artillerie rassemblées dans la première de ces villes. Aussi, le général Dubois, en rendant compte au général Jourdan des découvertes de ses reconnaissances[1], disait : « Je t'engage à réunir le plus de cavalerie que tu pourras, ainsi que de l'artillerie légère. C'est là la force de l'ennemi. Je te le répète encore, je vois avec douleur la cavalerie de ton armée attachée aux divisions d'infanterie, toujours sur les derrières. Elle ne rend pas les services par ce moyen que l'on doit attendre d'elle... La division que tu m'as confiée... occupe toujours les avant-postes... Le général Lefebvre, à qui tu as donné une avant-garde de troupes légères, est placé derrière le 7e régiment de cavalerie qui est arrivé ce matin. Il serait cependant essentiel que tu donnasses des ordres à ce sujet et que l'on convînt si la division de cavalerie que je commande doit être en éclaireurs et aux avant-postes ou si je marche avec le général Lefebvre. »

Enfin, le général Dubois demandait qu'on lui attachât un bataillon d'infanterie légère, soit pour le service en tirailleurs, soit pour protéger les marches particulières qui pourraient être ordonnées : « Surtout que ce bataillon ait ses canons, car j'ai trouvé le moyen de tirer parti des pièces de 4 en les faisant courir dans les charges de cavalerie. »

Le 21 juillet, le général d'Hautpoul quitta l'armée de Sambre-et-Meuse. Il fut remplacé par Gaudin, chef de brigade du 16e cavalerie, un des anciens brigadiers de l'aile droite de

---

[1] 16 juillet 1794.

l'armée du Nord, qui reçut le commandement d'une brigade formée des 7e et 16e cavalerie. La division était à Jodoignes.

Elle se porte à Opheleyssen, le 23 juillet à 3 heures du matin, se mettant à la disposition des généraux Kleber et Lefebvre ; la brigade Gaudin occupa Frère, et la brigade Soland, Juprelle, le 26. Le lendemain, la division entendit le canon sur sa gauche : c'était Jourdan qui s'emparait de Liège. Les Autrichiens s'étant retirés sans trop de résistance, la division ne donna pas.

Après la prise de Liège (27 juillet), l'armée de Sambre-et-Meuse prit du repos et resta en observation.

Cette attitude, qui a été critiquée, avait été prescrite par le Comité de Salut public. Dans une lettre, datée du 21 juillet, qu'il adressa aux Représentants du peuple, le Comité disait que le prince de Cobourg ne pouvait espérer secourir les quatre places[1] qu'en gagnant une bataille. Dans ces conditions, les généraux devaient se garder d'en courir les hasards. Prendre une forte position, y rester et harceler quotidiennement l'ennemi, tel était le rôle assigné au général Jourdan. En même temps, sommer avec fracas les places de se rendre ; si elles refusent, en enlever une, exécuter avec rigueur le terrible décret de la Convention, afin d'intimider les autres. Déjà, dans leur conférence du 20 juillet à Bruxelles, Pichegru et Jourdan avaient décidé que l'armée du Nord assiègerait Valenciennes et Condé, et que Le Quesnoy et Landrecies seraient bloquées par l'armée de Sambre-et-Meuse.

D'après les renseignements recueillis par la cavalerie, cette attitude, que fit adopter le Comité de Salut public, embarrassait le général en chef ennemi. Il eût préféré une bataille qui lui eût permis de marcher en avant ou de battre décidément et franchement en retraite.

Les Autrichiens occupaient Melin, Rimps, Herderen, Fallemeer, puis Montenacken, Kanne et Nederkanne. Chaque jour, à 3 heures du matin, des reconnaissances partaient, quelquefois commandées par le général lui-même, pour s'assurer que l'ennemi conservait ses positions, et rentraient à 9 heures. Cela pendant un mois[2].

Ces reconnaissances ne furent marquées que par quelques

---

1 Valenciennes, Condé, Le Quesnoy et Landrecies.
2 Ordres et correspondance du 29 juillet au 13 septembre 1794.

incidents. Une reconnaissance de 150 hommes trouva, le 2 août, les Autrichiens rangés en bataille sur les hauteurs entre Rimps et Fallemeer. Les forces que l'ennemi déploya l'obligèrent à se retirer. Les tirailleurs furent poursuivis jusqu'à Melin ; la reconnaissance opéra sa retraite en bon ordre et ne perdit pas un homme.

Le 2 août, la reconnaissance s'était portée également sur Melin, Fallemeer et Herderen, et ensuite sur Rimps. Elle attaqua, sur ce dernier point, les avant-postes qui se replièrent sur les hauteur à gauche de Rimps à l'approche de la brigade Boyer (cavalerie de la division Kleber). Boyer fit charger les hussards que la supériorité numérique de l'ennemi contraignit à la retraite.

L'affaire fut plus grave le 5 août. Une découverte de 500 hommes s'était portée trop en avant sans s'éclairer et demeura assez en bataille pour donner aux Autrichiens le temps de faire filer sur la gauche une colonne de 2,000 à 3,000 chevaux. Ceux-ci chargèrent et mirent en déroute la reconnaissance française, qui perdit une dizaine d'hommes [1] et ne se rallia qu'à une demi-lieue de Tongres jusqu'où elle fut poursuivie. Heureusement, le général Boyer faisait de son côté une reconnaissance, et il arrêta les progrès de l'ennemi. Au bruit du combat, le général Dubois avait fait monter à cheval le reste de sa division. Il pouvait couper la retraite de l'ennemi, mais on ne le prévint pas de la situation.

Au 10 août, le quartier général de la réserve de cavalerie était à trois petites lieues de Maëstricht et les avant-postes à une lieue et demie de la place, ayant sa droite, afin de la secourir, appuyée à la division Lefebvre, qui formait l'avant-garde ; la gauche, à la brigade Boyer.

Le 19 août, à 3 heures du matin, une colonne de 8,000 hommes venant de Maëstricht se présenta et repoussa les avant-postes du général Dubois et ceux du général Lefebvre, qui reçurent l'ennemi par une vive fusillade, mais durent se replier et se retirer sur Houtain. La retraite cependant se fit en si bon ordre que

---

[1] Chiffre du rapport du général Dubois. — Le *Récit des opérations*. . . du 5 mai 1794 au 18 mars 1795, dont l'auteur est le général Duhesme, dit : « 18 thermidor (5 août), des reconnaissances, commandées par des officiers sans intelligence, tombèrent dans une embuscade où elles perdirent 160 hommes. »

Lefebvre eut le temps d'y envoyer des troupes, dont deux régiments de chasseurs, qui culbutèrent les Autrichiens et les contraignirent à repasser la Meuse. A 10 heures, on avait repris ses anciennes positions.

Dubois prévint de suite des événements le général Boyer afin de se soutenir réciproquement et que chacun fût prêt à recevoir les assaillants, bien qu'il pensât que cette attaque n'était qu'une feinte. Au contraire, Lefebvre fut d'avis que l'affaire allait devenir générale. En conséquence, Dubois envoya des estafettes avertir Jourdan ainsi que les généraux Kleber, Morlot et Championnet, se mettant à leur disposition et les prévenant qu'il était posté devant Seluze, — où il avait fait établir un second pont, — de façon à tourner l'ennemi s'il se présentait sur Tongres.

On en fut quitte pour une alerte. Ainsi que l'avait pensé Dubois, les Autrichiens n'avaient attaqué que dans la crainte de l'être, et ils s'étaient retirés après cette démonstration.

L'ennemi était en mouvement sur Tongres le 22 août. A 2 heures du matin, toute la division de cavalerie était sous les armes avec l'artillerie légère. Elle se mit en marche, à 3 heures, se dirigeant sur Melin. Dubois plaça sur les hauteurs, près de ce point, une brigade avec l'artillerie légère pour lui servir de seconde ligne. Avec l'autre brigade, dont il prit la direction, il se porta sur Falleméer, Sichem, Boulair, Herderen, Rimps et Laufeld. Les Autrichiens occupaient Herderen, Rimps et Laufeld. La cavalerie française, attaquant avec vigueur, les en chassa, tuant quelques hulans avec le canon.

Cette forte reconnaissance permit de constater que les troupes ennemies sur Maëstricht étaient réduites à 4 escadrons et 1200 fantassins que le bruit du canon avait appelés aux armes. L'ennemi était en pleine retraite.

Le général Soland fit, le 5 septembre, une chute de cheval (dont il mourut le 15 novembre). Le chef de brigade Despret, encore un des anciens brigadiers de l'aile droite de l'armée du Nord, reçut le même jour le commandement de la brigade.

Pendant les journées qui suivirent, les tirailleurs se fusillèrent; des avant-postes furent culbutés, mais aucune affaire importante n'eut lieu.

Enfin, le 13 septembre, la division de réserve de cavalerie recevait l'ordre de se tenir prête à marcher. Le lendemain, l'armée de Sambre-et-Meuse forçait le passage de l'Ourthe à Durbuy et à Comblain-au-Pont, et, le 17, elle attaquait les Autrichiens.

Le combat dura assez tard dans la soirée, sans succès de part et d'autre. La cavalerie chargea l'ennemi jusque dans ses retranchements du fort Saint-Pierre ; elle l'y maintint et le força à y demeurer jusqu'à la nuit. Plusieurs charges furent exécutées, mais les Autrichiens se retiraient derrière leurs retranchements où plusieurs bataillons en soutien se trouvaient à couvert.

Le feu des canons de la colonne de gauche de la division Dubois portait jusque dans les murs de Maëstricht. L'effort principal de la cavalerie autrichienne, cependant, eut lieu sur la division Kleber, au secours de laquelle Dubois envoya de suite une brigade.

A 7 heures et demie, la retraite de l'armée de Sambre-et-Meuse commença et, deux heures après, la division de cavalerie rentrait dans ses positions, exécutant sa marche sans être inquiétée. La division de cavalerie avait perdu 3 hommes tués et 76 blessés et une vingtaine de chevaux tués par le canon.

La fin du combat avait été marquée par des embrassements. Deux ou trois escadrons de hussards autrichiens, dispersés en tirailleurs, s'avancèrent pour charger deux escadrons français. Aussitôt, Dubois envoya deux autres escadrons en soutien. A leur vue, les hussards autrichiens remirent le sabre au fourreau et se précipitèrent sur les dragons français, les embrassant en leur disant : « Pour vous, braves ; pour vous, camarades ; vous battir bien et nous nous voulons pas de mal à vous ». On buvait même du schnick ensemble, lorsque survint le général autrichien, qui rallia à coups de bâton ses hussards qui refusèrent de charger. Le général Dubois ne laissa pas d'être étonné lorsqu'on lui rapporta ce fait, et il le consigna dans ses rapports [1].

La réserve de cavalerie à cette date, 17 septembre, comprenait les 12e et 20e dragons, les 6e, 7e, 8e, 16e et 25e régiments de cavalerie.

Le lendemain 18, l'armée passa l'Ayvaille. Les divisions Mar-

---

[1] Au général Jourdan, 17 septembre 1794, 9 heures 1/2 du soir ; au représentant du peuple Gillet, 18 septembre.

ceau, Bonnet et Scherer attaquèrent la gauche autrichienne et la forcèrent à évacuer la position de La Chartreuse, près Liège, et à se replier sur Juliers.

La division Dubois ne donna pas.

Le lendemain, 19 septembre, le général Lefebvre passait à Visé, pour inquiéter l'ennemi et y prendre position. Dubois, à 1 heure, fit monter sa division à cheval et la porta sur Rimps et Montenacken. Il y attaqua les Autrichiens et les contraignit à se replier jusque dans leurs retranchements.

C'était un des premiers mouvements de la poursuite de l'ennemi, poursuite qui fut activement menée.

Le 20 septembre, la brigade Despret prenait position à Barnauwe, au delà de Visé; la brigade Gaudin, à Haccourt. Le lendemain, la division occupait les hauteurs de Foron-le-Comte.

A 6 heures du matin, le 22 septembre, le général Dubois se portait, avec une brigade et quelques pièces d'artillerie, sur Maëstricht. Cette reconnaissance arriva jusque sous les glacis de la ville sans rencontrer le moindre obstacle. Elle poursuivit un convoi sortant de la place, mais qui, ayant de loin reconnu la cavalerie française, rentra à bride abattue dans Maëstricht.

Voyant les Autrichiens surpris de son arrivée, le général fit tirer quelques volées de boulets qui portèrent jusqu'au centre de la place. Un vacarme énorme se fit alors entendre, on percevait rouler chariots, voitures, caissons. Le cri « Aux armes ! » retentissait de tous côtés. Les Autrichiens même disposèrent deux batteries sur les remparts. Ce que voyant, Dubois se replia sur les hauteurs, en arrière, à l'abri des canons ennemis, et, comme c'était le premier jour de la nouvelle année républicaine, tous les trompettes de la division sonnèrent en fanfare; par deux fois, sous les yeux de la garnison et des habitants de Maëstricht rassemblés sur les remparts, la brigade défila au cri de « Vive la République ! », les chapeaux au bout des sabres, en chantant *La Carmagnole*. Cette « folie » — comme le général la qualifia lui-même — se termina par le serment de ne remettre les sabres au fourreau qu'après l'anéantissement de l'ennemi.

Dans cette reconnaissance, le général Dubois apprit que la garnison de Maëstricht se composait de 6,000 Autrichiens, 1500 Hollandais et 500 cavaliers, et que le reste de l'armée coalisée se retirait sur Roldue et Juliers.

Le même jour, 22 septembre, Kleber était chargé de l'investissement de Maëstricht, et le général en chef Jourdan, avec le reste de son armée, entreprenait des opérations destinées à faciliter la tâche de son divisionnaire, que gênait la position des Autrichiens derrière la Roër, du cours de laquelle ils étaient maîtres.

Une brigade de la division de cavalerie occupait Foron-le-Comte; l'autre était bivouaquée en avant de Barnauwe et de Bombay. La division, qui s'était portée le 24 septembre entre Wiltre et Cartichs, partit le 25, à 7 heures du soir, pour se rendre à Roldue. Elle marcha toute la nuit par des chemins épouvantables et arriva à destination à 4 heures du matin, le 26. D'après des instructions qu'elle trouva dans cette ville, elle continua sa route pour se joindre aux généraux Hatry et Bonnet, auprès desquels elle devait servir.

Pour attaquer la position centrale des Autrichiens à Aldenhoven, Jourdan avait divisé son armée en quatre corps : l'aile droite sous Scherer; l'aile gauche sous Kleber; l'avant-garde sous Lefebvre. Les divisions Hatry, Bonnet, Morlot, Championnet et Dubois formaient le centre, aux ordres directs du général en chef.

Bonnet, à leur arrivée, disposa les deux brigades de cavalerie dans un bois et très éloignées l'une de l'autre. Le général Dubois, trouvant cette position mauvaise, les plaça à un quart de lieue plus loin, dans les vergers, en avant d'Alsdorff et établit ses avant-postes sur les hauteurs des villages de Hautweiller et de Busweiller. L'ennemi, ainsi, ne pouvait tenter sur la gauche aucun mouvement sans être reconnu. En effet, il fit un mouvement le même jour, mais ayant vu et les positions de la division Dubois et qu'elle se présentait en force, il se retira sur-le-champ.

Le 27 septembre, la division de cavalerie reçut l'ordre de marcher avec la division Hatry. Ce jour-là, l'armée de Sambre-et-Meuse reçut le drapeau que lui envoyait la Convention, porté par deux militaires blessés dans les rangs de cette armée.

Depuis plusieurs jours, le général en chef se préparait à attaquer les Autrichiens, et, le 1er octobre, il fixa l'opération au lendemain.

La division de cavalerie devait être en seconde ligne, derrière Championnet et Morlot. A 5 heures du matin, le 2 octobre, les colonnes se mirent en marche sur quatre lignes : 1re ligne, tirailleurs ; 2e, artillerie et cavalerie légère ; 3e, infanterie, pièces de position ; 4e, grosse cavalerie, et attaquèrent les Autrichiens. C'était le prélude de la bataille d'Aldenhoven.

À droite, l'avant-garde, avec Marceau, passe la Roër de vive force ; le centre attaque Aldenhoven. Comme Hatry et Lefebvre étaient arrivés sur la Roër, les Autrichiens, vivement poussés par Championnet, Morlot et Dubois, abandonnent la plaine[1].

En moins de deux heures, le camp de Juliers est pris et les redoutes sont emportées. L'infanterie ennemie se présente pour protéger la retraite ; elle est chargée, culbutée et ne doit son salut qu'au canon de Juliers qui empêche les divisions françaises de poursuivre au delà. Dans une des charges, le général Dubois fit une chute de cheval.

Pendant la nuit, à la faveur d'une profonde obscurité et d'un épais brouillard, les Autrichiens battirent en retraite au delà du Rhin. La garnison, s'apercevant de cette disparition, arbora le drapeau blanc, et, le 3 octobre, Jourdan entra dans Juliers.

Le général en chef de l'armée de Sambre-et-Meuse mit ses succès à profit pour poursuivre vigoureusement l'armée battue sur Bonn, sur Cologne et sur Coblentz.

Dès qu'il eut appris que les Autrichiens avaient abandonné Juliers, Jourdan donna l'ordre aux généraux Lefebvre et Dubois de les poursuivre. Ce dernier rattrapa les équipages de l'ennemi, et, dans cette journée du 3 octobre 1794, il y eut plusieurs actions de cavalerie fort vives, lesquelles furent toujours à l'avantage des troupes françaises.

Le 12 octobre, les divisions Mayer, Hatry, Morlot et Dubois firent un mouvement sur la gauche. La grosse cavalerie fut cantonnée en seconde ligne, les dragons occupant, avec l'infanterie légère, la rive gauche du Rhin, de Vernig à Cologne. La division de cavalerie prit alors un repos bien mérité ; on ne l'employa pas au siège de Maëstricht[2]. Elle fut cantonnée, le 20 octobre :

---

[1] *Récit* (du général Duhesme).
[2] *Ibid.*

Brigade de droite (général Despret) :

12e dragons à Frechem ;
6e cavalerie à Duschbel et Ichlem ;
8e cavalerie à Frechem ;
15e compagnie d'artillerie légère à Grandkonisdorff ;

Brigade de gauche (général Gaudin) :

7e cavalerie à Poëlhem ;
16e cavalerie à Strommel ;
25e cavalerie à Senser et Manster ;
24e compagnie d'artillerie légère à Guyem.

Le quartier général de la division était à l'abbaye de Brauweiler depuis quelques jours.

La division quitta ces positions le 11 novembre pour se porter en avant de Dusseldorff, conjointement avec les troupes d'Hatry. Elle se dirigea du côté de Vernig et de Neuss.

Le 12, le quartier général de la cavalerie était placé à Kempen, les corps qui la composaient étaient aux environs. Trois régiments occupant Kempen, Hulst et Saint-Hubert ; l'artillerie légère, Strult et Muchlhausen ; les quatre autres régiments étaient bivouaqués. Elle était cantonnée en arrière et sur la gauche de Crevelt, au centre de l'armée [1].

Enfin, le 15 novembre, le général Dubois quittait le commandement de sa division, qu'il laissait au général Gaudin, pour jouir d'un congé de deux mois que le Comité de Salut public lui avait accordé afin de se remettre de la chute de cheval qu'il avait faite sous Juliers.

Il prit congé de ses troupes par l'ordre suivant qu'il leur avait adressé le 9 octobre :

« Le général prévient ses frères d'armes que le représentant du peuple Gillet vient de lui accorder une permission de 15 jours pour aller se faire traiter de la chute qu'il a faite en chargeant l'ennemi devant Juliers [2]. Si on eût été dans le cas de marcher à l'ennemi, il eût usé le reste de ses forces pour les y conduire,

---

[1] Situation de l'armée de Sambre-et-Meuse.
[2] Le général n'avait pas profité de ce congé.

mais il paraît que l'on touche au quartier d'hiver pour la cavalerie ; du moins, il le désire, car elle l'a bien mérité. Si le général quitte pour un moment ses frères d'armes, son cœur ne se séparera jamais d'eux, et il n'oubliera jamais que, partout où il les a conduits, l'ennemi a toujours été forcé de faire sa retraite. S'il a eu des vivacités, le seul désir de battre les esclaves en était cause, et il ne lui en restait pas le moindre souvenir après être sorti du champ de bataille.

« Si quelquefois les subsistances n'ont pas été données comme elles étaient dues, croyez qu'il n'y avait rien de ma faute. Je n'ai cessé de faire des représentations à ce sujet. Je viens de donner des ordres aux administrations pour que vous soyez servis régulièrement.

« Conservez-moi, mes braves frères d'armes, votre amitié et votre confiance, et croyez que j'en serai toujours digne. »

———

MISSION A PARIS.

Dès le retour du général Dubois à l'armée de Sambre-et-Meuse, à l'expiration de son congé, la mésintelligence qui existait entre Jourdan et lui ne tarda pas à renaître.

D'après les traditions de la famille, Jourdan commanda des mouvements de cavalerie que Dubois désapprouvait. Celui-ci proposa un combat particulier, si le but du général en chef était de se débarrasser de lui, plutôt que d'exposer des troupes qui ne devaient pas souffrir de sa haine [1].

D'un autre côté, le général en chef Moreau dit : « Le général Dubois a toujours été employé dans l'arme de la cavalerie; il a commandé celle de Sambre-et-Meuse la campagne dernière, lorsqu'une contestation extrêmement vive avec le général Jourdan l'a forcé de quitter cette armée [2]. »

Cette mésintelligence nuisible au bien du service détermina le représentant du peuple Joubert à donner au général l'ordre de cesser ses fonctions, et de se rendre auprès du Comité de Salut public [3].

Le Ministre fut étonné du renvoi. Dubois s'était comporté en brave officier : il avait contribué, par son audace et son intrépidité, aux principaux succès de l'armée. Hoche, Pichegru, Ernouf avaient une grande confiance en lui pour les opérations où il fallait du courage, de l'intelligence et de l'adresse [4].

---

[1] Lettre de M. Wauthier, petit-fils de Dubois, 27 décembre 1891.

[2] « Etat des officiers généraux dont les divisions et brigades se trouvent supprimées dans le travail ci-joint. — *Etat des officiers généraux nécessaires à l'armée du Nord pendant la campagne de l'an IV*... : Dubois, commandant à Mons... »

[3] Rapport au Comité de Salut public, s. d.
Joubert avait remplacé Gillet à l'armée de Sambre-et-Meuse, en janvier 1795.
La *Biographie Universelle* (t. LXIII, p. 8) dit que le renvoi fut prononcé pour avoir fait canonner inutilement le château de Dusseldorff « dont la belle galerie de tableaux fut près de devenir la proie des flammes ». Dubois n'était pas à l'armée lors de la prise de Dusseldorff; du reste, la biographie signée de Michaud jeune (M-D. j.), consacrée à Dubois, fourmille d'erreurs.

[4] Rapport au Comité de Salut public.

Le Comité de Salut public ignorant également si l'on avait des reproches à faire au général Dubois, ne vit que la question de la mésintelligence entre généraux. Il ne renvoya pas Dubois à l'armée, mais il se l'attacha et le chargea, au mois de février 1795, de faire un travail sur l'organisation des dépôts généraux de troupes à cheval [1].

Il se trouvait ainsi à Paris lors des événements du 1er prairial an III.

Le représentant du peuple Delmas ayant été chargé du commandement général des troupes, confia celui de la cavalerie au général Dubois. Dans cette situation, il rendit les plus grands services. Il parcourut les sections, il les disposa à défendre la Convention, et, pour marcher contre les factieux, il réunit ses troupes à qui il avait prescrit de laisser le sabre au fourreau, tout en n'attendant que l'ordre de marcher [2]. Mais le général réussit à réprimer l'émeute et à dégager, sans effusion de sang, la Convention nationale.

[1] Dubois à Carnot, 21 mai 1796.
[2] *Moniteur Universel*, p. 996, séance du 2 prairial an III (21 mai 1795).

RETOUR A L'ARMÉE DU NORD.

En récompense, dès le 22 mai, les représentants Aubry et Gillet lui donnaient des lettres de service pour aller prendre le commandement de la cavalerie de l'armée du Nord, en remplacement du général Legrand, qui passait à l'armée de Sambre-et-Meuse [1].

Dubois arriva à Utrecht le 15 juin [2], mais il ne trouva pas la situation qui lui était annoncée. L'armée du Nord était pour ainsi dire sur le pied de paix; la cavalerie ne consistait plus qu'en quatre régiments de troupes légères attachés aux divisions en raison des localités; son commandement ne comportait pas d'officier général [3].

Un arrêté du Comité de Salut public, en date du 8 juin 1795, avait divisé le territoire de la Belgique en deux divisions. La première comprenait le Brabant, le Brabant wallon, le Hainaut, Tournay et le Tournaisis, Anvers et son arrondissement : chef-lieu Bruxelles. La deuxième était formée de toute la West-Flandre depuis la frontière française jusqu'à l'Escaut, et de l'ancienne Flandre hollandaise : chef-lieu Bruges.

Dubois fut placé, le 30 juin 1795, à Bruges même, dans l'arrondissement du général Harville, qui commandait la 2e division [4]. Les brigadiers, sous les ordres du général Dubois, furent au début : Rewbell, à Ostende (10e demi-brigade de ligne), et Devrigny, à Nieuport (une demi-brigade légère et deux escadrons du 19e cavalerie).

A son arrivée à Bruges [5] Dubois ne trouva personne, ni généraux de division, ni généraux de brigade, ni adjudants généraux. Harville, le général commandant en chef la division, n'était pas

---

[1] Arrêté du Comité militaire de la Convention, du 3 prairial an III (27 mai 1795).
[2] Dubois au général en chef Moreau.
[3] Lettre du 3 octobre 1795.
[4] Registre de correspondance de l'armée du Nord, 14 mai-24 juillet 1795.
[5] Lettre du 10 juillet 1795.

arrivé [1]; il était encore à Gand avec les généraux Desprès et Reed [2], et Dubois prit le commandement intérimaire.

La division, 5e de l'armée du Nord, était dite de l'arrondissement de la Flandre.

D'après une situation du 13 juillet 1795 [3], le général Dubois a sous son commandement les généraux de brigade Jardon, à Nieuport; Rewbell, à Ostende; Desprès, à Ypres; Reed, à Hulst. L'arrondissement comprend les garnisons de Bruges, Gand, Ostende, Menin, Ypres, Hulst, Axel, Philippine, Sas de Gand, Furnes, Nieuport, L'Écluse, Audenarde, Courtrai, et de l'île de Cadzand. Comme troupes : 150e, 163e et 183e demi-brigades de ligne; une demi-brigade légère, la 30e division de gendarmerie, 2 escadrons du 19e cavalerie, de l'artillerie et du génie.

Entre temps, un arrêté du Comité de Salut public du 5 juillet 1795 avait prescrit l'envoi de l'armée du Nord à Alençon (armée des Côtes de Cherbourg), de deux colonnes de 4,000 à 6,000 hommes, dont un sixième de cavalerie.

L'arrêté parvint au général en chef Moreau, le 8 juillet, à 7 heures du soir, et le jour même [4] Dubois était désigné pour conduire les colonnes avec les généraux de brigade Devrigny et Brice-Montigny [5].

Les colonnes devaient partir de Bruges du 13 au 16 juillet, et passer par Nieuport, Ostende, Ypres, Malines, Louvain, etc., de façon à être du 16 au 18 à Arras.

Les ordres parvinrent au général Dubois le 12 juillet, et il annonçait [6] au ministre son départ pour le lendemain, de façon que la 1re colonne arrivât à Alençon le 26, et la 2e, le 30.

---

[1] Situation du 13 juillet 1795.

[2] Registre de correspondance, 14 mai-24 juillet 1795.

[3] Mêmes renseignements, selon une autre situation du 16 juillet.

[4] Ordres et correspondance de l'armée du Nord.

[5] *Colonne Devrigny* : 10e demi-brigade de ligne; demi-brigade de l'Allier; 1er cavalerie; 6e hussards: 5,600 hommes.

Colonne Brice-Montigny : 90e et 163e demi-brigades; 13e dragons; 4e compagnie du 2e régiment d'artillerie à cheval: 5,120 hommes.

La 163e demi-brigade fut remplacée, le 13 juillet, par les 1er et 4e bataillons de tirailleurs et le 9e de volontaires nationaux de la Meurthe. Le 14 juillet, le général Gratien était désigné pour conduire une des colonnes au lieu du général Devrigny.

L'adjudant-général de la colonne était Forgues.

[6] Le général Dubois à Pille, 12 juillet 1795.

Mais le jour même où le général devait se mettre en route (13 juillet), le Comité de Salut public décida qu'il retournerait à l'armée du Nord. Ces ordres le trouvèrent à Arras le 16, et Dubois partit aussitôt pour regagner son ancien commandement[1].

Rentré à l'armée du Nord, avis parvenait, le 22 juillet, de reprendre le commandement provisoire de la division territoriale jusqu'à l'arrivée d'Harville, selon ordre du général en chef du 19[2]. Dubois arriva à Bruges le 25 juillet[3], mais l'intérim cessa dès le lendemain : le général Desjardins succédant à Harville (qui passait à l'armée de Sambre-et-Meuse). Desjardins prit fonctions dès son arrivée, et le général Dubois se rendit à Mons, division du général Chapuis-Tourville, où il remplaçait le général Desjardins[4]. Il a alors le titre de commandant le Hainaut et le Tournaisis (puis, peu après, du département de Jemmapes), et, dans l'étendue de son commandement, il « jouit de la réputation d'un guerrier brave »[5].

Bientôt le général Dubois recevait de nouvelles lettres de service pour l'armée des Côtes de Cherbourg[6]. Ces lettres, datées du 30 septembre, parvinrent à destination le 13 octobre[7], et le général s'empressait de remercier le Comité de Salut public, car la vie en quelque sorte inactive qu'il menait alors à l'armée du Nord lui pesait[8].

Il se mit de suite en route et arriva à Paris, où il se présenta au Comité de Salut public, mais il n'alla pas plus loin. Le Comité, en effet, par décision du 27 octobre, le renvoyait à l'armée du Nord « pour retourner au poste qu'il occupait à Mons et continuer le commandement qui lui avait été attribué, sauf au

---

[1] Le commissaire ordonnateur de la 16e division militaire à Pille, 16 juillet 1795.

[2] Registre de correspondance de l'armée du Nord, 14 mai-24 juillet 1795.

[3] *Id.* — 24 juillet-3 octobre 1795.

[4] *Ibid.*

[5] Les représentants du peuple près les armées du Nord et de Sambre-et-Meuse, Giroust et Lefebvre (de Nantes), au Comité de Salut public, Bruxelles, 15 septembre 1795.

[6] Arrêt du Comité de Salut public, 29 septembre 1795.

[7] Elles avaient été, par erreur, adressées à Maubeuge.

[8] Dubois à Pille, 13 octobre 1795.

général en chef de l'armée du Nord à disposer de lui ultérieure-
ment comme il le jugera convenable pour le bien du service [1]. »

La présence de Dubois à Mons était des plus nécessaires [2] ; il
quitta Paris le 31 octobre.

La Belgique était travaillée par les émigrés, troublée par des
perturbateurs et des gens sans aveu. Mons et son arrondissement étaient presque en insurrection [3]. Le général Dubois déploya
la plus grande énergie. Prévenu, entre autres, que la tranquillité
publique était troublée à Tournay, il marcha sur la ville avec une
colonne de troupes. Toujours avare du sang versé inutilement, il
agit comme au 1er prairial ; il ramena la population à ses dé-
voirs [4], lui inspirant confiance et crainte à la fois dans une proclamation dont la municipalité de Tournay demanda l'affichage [5].

Mettant en application la devise de cette proclamation : « Liberté, Égalité, Amour de l'Ordre, » il obtint la dissolution des
rassemblements ; le calme se rétablit et les impôts s'acquittèrent
sans murmures [6].

Ce résultat fut atteint dans toute la contrée soumise à son autorité. S'il donna des instructions rigoureuses pour poursuivre
ceux qui troublaient l'ordre public, s'il faisait faire tous les jours
des patrouilles dans les auberges après dix heures du soir et
prendre des renseignements sur les voyageurs, il recommandait
journellement à ses commandants d'armes [7] de respecter les propriétés particulières et nationales, de ne commettre aucun acte
arbitraire, de s'entendre avec les autorités constituées et de maintenir une bonne discipline dans les troupes.

Le général faisait des tournées et venait lui-même s'assurer de
l'exécution des ordres qu'il donnait. Aussi les municipalités se

---

— 1 Extrait des registres du Comité de Salut public de la Convention nationale.

2 Jean Debry, représentant du peuple, à Pille, 29 octobre 1795.

3 Rapport au Comité de Salut public, 31 octobre 1795.

4 Le général Dubois au Ministre de la guerre, 5 février 1796.

5 Tournay, 2 février 1796.

6 Dubois au Ministre, 5 février 1796.

7 Ordres des 29 décembre 1795, 18 janvier, 19 février, 1er avril 1796, etc.,
à Senault, commandant temporaire de Mons ; Cochet, de Tournay ; Ferraris,
d'Ath ; Lefèvre, d'Enghien ; Cabrespine, de Binck ; Carette, de Libre-sur-
Sambre ; Delée, de Chimay ; Carton, de Quiévrain.

louaient-elles de ses services. « Il a donné, disaient, entre autres,
les membres de l'administration municipale du canton de Mons [1],
dans toutes les occasions, des preuves non équivoques de son
dévouement à la chose publique, d'une exactitude et d'un zèle
peu communs dans l'exercice de ses fonctions et de sa soumission
aux lois et aux autorités constituées.... »

[1] 19 avril 1796.
Le général Tilly, commandant les neuf départements réunis, au Ministre,
16 juin 1796.

ARMÉE D'ITALIE. — LA MORT.

Malgré ces témoignages, le général Dubois regrettait la vie militaire active, la véritable lutte contre les ennemis de la Patrie; il ambitionnait de reprendre rang dans une des armées qui combattaient encore.

La cession d'armes lui avait fait obtenir un commandement territorial. « Les fonctions sont bien éloignées, par leur détail insidieux, de répondre à mes désirs, » disait-il, en se rappelant au souvenir de Carnot [1]. Et il ajoutait : « Je me sens encore assez de force, d'activité et de courage pour vous solliciter de m'envoyer à l'armée d'Italie pour être employé à ses avant-postes remplacer mon illustre camarade Laharpe, qui a eu l'honneur inappréciable de cimenter la Liberté en terminant sa carrière dans les champs de la gloire. »

Le général Tilly, qui commandait en Belgique, consulté sur la demande du général Dubois, fit l'éloge de son subordonné et appuya son désir de servir dans une armée active [2]. En conséquence, un rapport fût présenté, et le 27 juin le général Dubois était désigné pour l'armée d'Italie. La lettre de service fut expédiée, ainsi que l'avis aux généraux en chef, le 1er juillet.

Dubois reçut sa lettre le 10 : « Je reçois avec sensibilité et reconnaissance l'ordre de me rendre à l'armée d'Italie... Je ne saurais assez vous témoigner de remerciements du service que vous me rendez en me procurant l'occasion de donner de nouvelles preuves de mon attachement à la République. Je désire bien ardemment vous convaincre du désir que j'ai de vous en prouver ma vive reconnaissance. Recevez les assurances de mon attachement et de mon dévouement à la cause de la Liberté pour laquelle je verserais la dernière goutte de mon sang » [3].

Le général se prépara immédiatement à rejoindre son nouveau

---

[1] Lettre du 21 mai 1796.
[2] Tilly au Ministre, 16 juin 1796.
[3] Le général Dubois au Ministre, 10 juillet 1796.

poste. Il arrivait au quartier général de l'armée d'Italie le 9 août[1], et le général en chef lui confia, le 17, le commandement de la 1re division de cavalerie, à Vérone.

Le lendemain, Bonaparte annonçait au commissaire-ordonnateur en chef la reprise de la campagne pour dans quatre ou cinq jours[2]. En effet, le 20 août, le général en chef ordonnait « au général Dubois de faire partir demain dans la journée 300 hommes de troupes à cheval avec deux pièces d'artillerie légère pour parcourir les chemins de Vérone à Montebello, Vicence et celui de Bassano, jusqu'à ce qu'il rencontre l'ennemi. Il aura soin, arrivé à Montebello, d'envoyer une forte reconnaissance sur le chemin de ce lieu à Ala, passant par Valdagno, jusqu'à ce que l'on rencontre l'ennemi. Il fera partir également un détachement de 200 hommes de cavalerie qui descendra à Porto-Legnago par le chemin de la rive gauche de l'Adige; ce détachement ramassera tous les Autrichiens que l'on pourrait trouver sur la route de Porto-Legnago à Este. Le général Dubois communiquera le présent ordre au général Augereau, il se concertera avec lui et il l'invitera à donner des ordres pour protéger ces reconnaissances par de petits mouvements d'infanterie »[3].

Le 31 août, à 5 heures du matin, le quartier-général quittait Brescia pour Desenzano, l'armée devant commencer sa marche sur Trente le 2 septembre. La veille, 1er septembre, le quartier général était à Peschiera; le même jour, il était transféré à Vérone d'où des ordres étaient expédiés à 10 heures et demie du soir :

« Le général Masséna ordonnera au 15e de dragons de se rendre à la Chiusa, où il sera aux ordres du général Dubois qui y arrivera avec une colonne de cavalerie. »

Et au général Dubois : « Le général Dubois partira à 9 heures du matin, demain, 16[4], avec le 1er régiment de hussards et le 10e chasseurs. Il se rendra à la Chiusa, où il attendra la division du général Masséna, dont il suivra les mouvements et avec qui il

[1] Le général Dubois au Ministre, 17 août 1796.
[2] *Correspondance de Napoléon*, n° 906.
[3] *Correspondance de Napoléon*, n° 915.
[4] Ou 2 septembre 1796.

se concertera. Le 15ᵉ régiment de dragons, qui est avec la division Masséna, sera sous commandement et le rejoindra à la Chiusa »[1].

Masséna arriva à 2 heures, le 3 septembre, à Ala, d'où une avant-garde chassa un poste ennemi, s'emparant de six hulans. On passa la nuit à Ala et à Sainte-Marguerite, car on devait se trouver à Roveredo, le 4, dans la matinée, à 8 heures[2].

Ce jour même, à une heure et demie du matin, Bonaparte écrivait à Dubois[3] : « L'ennemi avait à Marco 5 bataillons qui, étant de ceux qui ont le plus souffert dans la campagne, ne montent qu'à 2,900 hommes. On assure également qu'il a 3 régiments à Roveredo, ce qui ne doit pas faire plus de 3,000 hommes.

« Il est étonnant que vous n'ayez point de pain; vos troupes avaient reçu l'ordre d'en prendre à Vérone pour le 16 et le 17 et du biscuit pour le 18 et le 19[4]. Le commissaire des guerres doit vous en faire passer.

« Faites arranger sur-le-champ, à Serravalle, la *traille* qui doit y être, et dès l'instant que vous pourrez faire passer 25 hommes de cavalerie, faites-les partir pour avoir des nouvelles de l'ennemi du côté de Mori et de la division Vaubois... » Marmont, aide de camp de Bonaparte, devait commander ces 25 hommes.

« Le 18[5], à la pointe du jour, nous nous trouvons en présence[6]. Une division de l'ennemi gardait les défilés inexpugnables de Marco; une autre division, au delà de l'Adige, gardait le camp retranché de Mori. Le général Pijon, avec une partie de l'infanterie légère, gagne les hauteurs de gauche de Marco; l'adjudant général Sornet, à la tête de la 18ᵉ demi-brigade d'infanterie légère, attaque l'ennemi en tirailleurs; le général de brigade Victor, à la tête de la 18ᵉ demi-brigade d'infanterie de bataille, en colonnes serrées par bataillon, perce par le grand chemin. La résistance de l'ennemi est longtemps opiniâtre. Au même instant,

---

[1] *Correspondance de Napoléon*, n° 954.
[2] 200 chevaux à l'avant-garde de Masséna, le reste de la cavalerie placée en arrière d'Ala et bivouaquée (Ordre du 3 septembre).
[3] *Correspondance de Napoléon*, n° 961.
[4] Ou 2, 3, 4 et 5 septembre.
[5] Ou 4 septembre 1796.
[6] *Correspondance de Napoléon*, n° 967; rapport au Directoire exécutif, Trente, 6 septembre 1796.

Le général Vaubois attaque le camp retranché de Mori. Après deux heures de combat très vif, l'ennemi plie partout. Le citoyen Lemarois, mon aide de camp capitaine, porte l'ordre au général Dubois de faire avancer le 1er régiment de hussards et de poursuivre vivement l'ennemi. Ce brave général se met lui-même à sa tête et décide l'affaire, mais il reçoit trois balles qui le blessent mortellement. Un de ses aides de camp venait d'être tué à ses côtés. Je trouve un instant après le général expirant : « *Je meurs « pour la République*, dit-il ; *faites que j'aie le temps de savoir si « la victoire est complète.* » Il est mort. »

De son côté, le chef d'état-major de l'armée d'Italie, A. Berthier, écrivait au Ministre [1] :

« Je vous annonce la perte que nous avons faite du brave général divisionnaire Dubois, des suites des blessures qu'il reçut, le 18 du courant, à l'affaire au-dessus d'Alla. Ce brave général est généralement regretté de toute l'armée, dont il avait l'estime. La République perd en lui un de ses plus intrépides défenseurs. »

Le général Dubois mourut au milieu des cris de « Victoire ! » 6,000 prisonniers, 25 pièces de canon, 50 caissons et 7 drapeaux. L'Italie était désormais aux armées de la République.

Un ordre à l'armée, daté de Mombello, le 7 juin 1797, avait fixé la fête de la distribution des nouveaux drapeaux au 28 juin et réglé le cérémonial [2], mais elle n'eut lieu que le 14 juillet, jour anniversaire de la prise de la Bastille. Dans chaque division [3] fut érigée une pyramide qui avait autant de faces que la division comprenait de demi-brigades, et sur chaque face furent inscrits

---

[1] Deux-Castel, 29 fructidor an IV (15 septembre 1796).

[2] *Correspondance de Napoléon*, n° 1879.

[3] « Relation de la fête célébrée par l'armée de la République française, en Italie, à l'occasion de l'anniversaire de la mémorable journée du 14 juillet, époque choisie par le général en chef pour donner aux demi-brigades de l'armée les nouveaux drapeaux qui rappellent les batailles dans lesquelles chacune a concouru à la victoire, et adresses individuelles des soldats et officiers de l'armée à ceux de l'armée de l'Intérieur et au Directoire exécutif. — Au quartier général de Milan, le 1er thermidor an V de la République française, une et indivisible. » (*Moniteur Universel*, n° 325, 25 thermidor an V (12 août 1797.)

les noms des officiers et soldats morts au champ d'honneur depuis Montenotte. La pyramide était au milieu d'un champ-de-mars et ornée de tous les attributs représentant les victoires de l'armée et des emblèmes de la Liberté, de la République et de la Constitution.

Des manœuvres précédèrent la fête ; les troupes se rangèrent en bataillon carré autour des pyramides ; les vétérans et les blessés défilèrent au bruit des salves d'artillerie, les tambours battant aux champs et l'armée leur rendant des honneurs militaires.

L'échange des vieux drapeaux contre les nouveaux se fit au pied des pyramides pendant que les musiques jouaient des airs guerriers. Des discours furent prononcés, des salves d'artillerie tirées, une proclamation du général en chef lue aux troupes. Ce fut une fête spéciale dans chaque division. Bonaparte présida celle qui eut lieu à Milan, où étaient son quartier général et cinq demi-brigades.

« A Milan, le général en chef célébra la fête avec cinq demi-brigades et deux régiments de cavalerie.

« Après différentes manœuvres, les troupes se rangent en bataillon carré autour de la pyramide sur laquelle sont inscrits les noms de tous les militaires morts au champ d'honneur.

« Les vétérans, les blessés de l'armée défilent, les tambours battant aux champs et au bruit des salves d'artillerie ; après quoi le général en chef passe la revue... »

Au dîner du général en chef, où était une grande partie des officiers et des vétérans, Bonaparte porta ce toast :

« Aux mânes du brave Stengel, mort aux champs de Mondovi ;
« de Laharpe, mort aux champs de Fombio ; de Dubois, mort
« aux champs de Roveredo, et à tous les braves morts pour la
« défense de la Liberté ! Puissent leurs mânes être toujours autour
« de nous ; elles nous préviendront des embûches des ennemis
« de la Patrie[1]. »

---

[1] *Moniteur universel*, loc. cit., et *Correspondance de Napoléon*, n° 2011

TABLE DES MATIÈRES

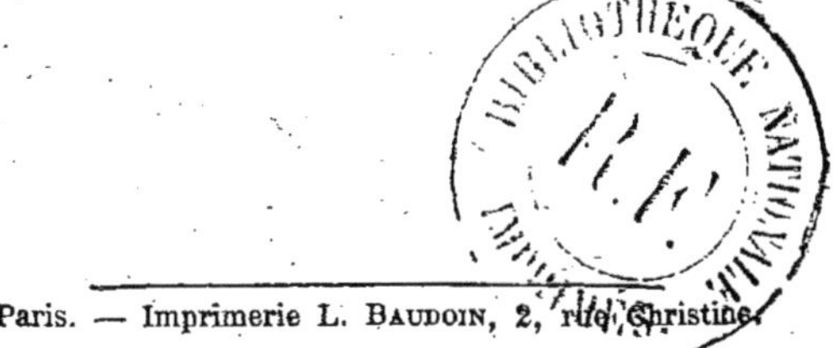